그저 앉기를 권함

BECOMING YOURSELF
: Teachings on the Zen Way of Life
by SHUNRYU SUZUKI
Selected and edited by Jiryu Rutschman-Byler and Sojun Mel Weitsman

This edition published by arrangement with TarcherPerigee, an imprint of Penguin
Publishing Group, a division of Penguin Random House LLC.

그저 앉기를 권함

스즈키 슌류 지음 | 김문주 옮김

스즈키 슌류, 마지막 가르침

Becoming Yourself

조용히 앉아 시작하는
자기 발견의 여행

쌤앤파커스

차례

더욱 깊게 들어가며 3장

열여섯 가지 계율에 대해 부록 1

스즈키 슌류의 삶 부록 2

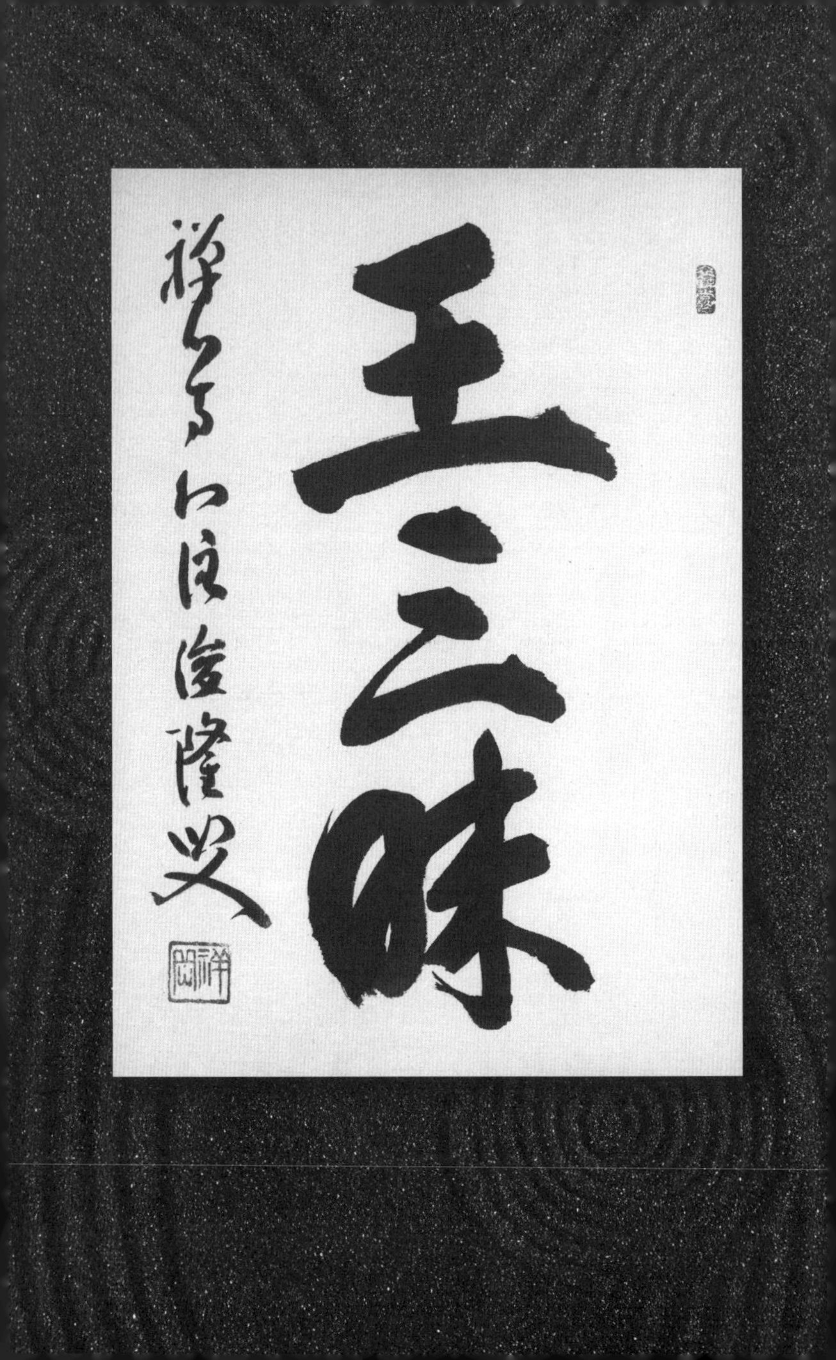
三昧

들어가며

진정으로 내가 되는 것, 돌멩이가 오롯이 돌멩이인 것처럼 나다운 나가 될 수 있는 법을 배우는 것이 중요합니다.

나다운 나를 찾아서

스즈키 슌류 노사_{老師}의 가르침은 모두 한 방향을 가리킨다고 볼 수 있습니다. 바로 '나답게 살아가는' 수행이지요.

여기에는 설명이 조금 필요합니다. 스즈키 노사가 무엇을 '전하려 하지 않는지' 설명하기는 어렵지 않습니다. 그는 여러분의 자아를 완벽하게 만들어주거나 널리 자랑할 만한 독특한 스타일을 가꿔주려는 게 아닙니다. 다른 사람들이 생각하는 여러분의 모습, 또는 여러분 자신이 생각하는 현재의 모습, 응당 갖춰야 한다고 생각하는 모습대로 사는 법을 배우라는 것도 아닙니다. 그는 여러분을 마음대로 조종하려 하지 않습니다. 그러니 여러분이 '누구인지' 파악하려고 하지 마세요.

그런데 스즈키 노사가 무엇을 '전하려는지' 정확히 설명하기는 어렵습니다. '진정한 나가 되는 법'은 생각만으로 이해할 수 있는 게 아니기 때문입니다. 이는 하나의 존재 방식으로써 시도해봐야 한다는 의미입니다. 진정한 나로 살아가는 것은 깨달아야 할 개념도, 올라야 할 경지도 아니지요. 이것은 계속 흘러가는, 아주 보통의 삶 한 가운데서 몸에 배는 수행의 방식입니다.

잔뜩 설명을 하고 생각할 시간을 주는 대신, 스즈키 노사는 여러 번 반복해서 우리가 해야 할 수행이 무엇인지 짚어줍니다. 그는 진정한 나가 되는 법을 '앉아 있기', 말 그대로 그저 묵묵히 앉아 있는 수행이라 말합니다. 불교식으로 말하면 '좌선坐禪'이죠. 이것이 곧 여러분에게는 진정한 나가 되는 법입니다. 진정한 나가 된다는 것은 그저 묵묵히 앉아 있다는 의미가 되죠.

그저 앉아 있는 것은 순간순간 무슨 일이 벌어지든 상관없이 온 마음으로 있는 그대로 자신이 되는 방법입니다. 여러분의 생활 속에서 살아 있다는 게 어떻게 느껴지는지와 깊이 연결된 수행이며, 그 연결에서부터 여러분 삶이 한 걸음 더 나아가게 되는 수행입니다. 검은 방석 위에 허리를 꼿꼿이 세우고 묵묵히 앉아 있는 전통적인 방법을 뜻할 수도 있지만, 좀 더 넓은 의미에서는 여러분이 어디로 향하든 그저 자신의 삶에 열린 마음을 가지는 것입니다.

여러분이 숲속 한가운데에 있다면 스즈키 노사는 '그저 앉아 있기'가 수풀의 느낌을 가늠하는 것이라고 가르칩니다. 예를 들어 여러분이 부엌에 있거나 자동차에 앉아 있다면, '그저 앉아 있기' 혹은 '진정한 나가 되는 법'은 부엌이나 자동차의 느낌을 가늠하는 게 되겠지요. 여러분이 행복하다면 행복의 느낌을 가늠하는 것입니다. 여러분이 어디에서든 고군분투하고 있다면, 그 어려움을 극복하며 살아낸다는 생생한 느낌을 가늠하는 여유를 가지는 것이 됩니다.

스즈키 노사는 이런 수행이 더없이 소중하다고 가르칩니다. 단순히 우리가 삶의 더 많은 편안함과 기쁨, 온전함, 그리고 사랑에 마음을 열 수 있게 되기 때문만은 아닙니다. 물론 이 모두에 해당하기도 하지만요. 또한 진정한 나가 되는 수행은 자비롭고 이로운 행동에 관한 불교의 윤리적 원칙인 보살계菩薩戒(대승불교 수행자가 지켜야 할 계율 - 옮긴이)가 자연스레 흘러나오는 원천이 되기 때문에 중요합니다. 이는 참된 돌봄과 그 무엇에도 해를 끼치지 않는 삶으로 향하는 길을 가리킵니다. 엄격한 이념이나 고정된 도덕규범을 맹목적으로 따르는 것이 아니라 우리가 타고난 다정하고 연결된 마음에 진정성 있게 맞닿아 있는 삶 말입니다.

스즈키 노사의 여정

1959년 5월, 55세가 된 선불교 승려 스즈키 순류는 바박 깎은 머리에 승복을 입고 미국 샌프란시스코에 막 도착했습니다. 선불교를 믿는 일본계 미국인들을 돌보기 위해서였지요. 이미 선불교가 서구에 소개된 지 몇십 년이 흘렀지만, 여전히 주류 문화로 스며들지 못한 상태였습니다. 달라이 라마와 틱낫한처럼 훗날 세계적 명사가 되는 동시대 인물들도 당시 미국에는 거의 알려지지 않았고, 불교와 마음챙김, 선 등의 개념도 대학교나 아시아계 이민자 사회 바깥에서는 낯선 것들이었습니다. 스즈키 슌류가 샌프란시스코에 도착한 날, 이 초라한 승려가 12년이란 세월 동안 어떤 변화를 이끌어낼지, 서구의 문화적 지형에 얼마나 묵직한 흔적을 남기게 될지 아무도 몰랐습니다.

스즈키 슌류는 1904년 일본의 어느 승려의 아들로 태어나, 아버지의 절에서 곤궁하게 자랐습니다. 훗날 제자들이 스즈키 '노사'라는 애칭으로 불렀는데, 이는 '존경하는 노스승'이란 뜻입니다. 그는 열한 살에 첫 번째 스승에게 가르침을 받으려 고향의 절을 떠났고, 열세 살에 수계를 받아 석가모니 부처님의 가르침을 이어받은 89대 선사가 되었습니다. 그러다 자신이 속한 조동종의 주요 사찰 두 곳에서 유명한 조사祖師들과 함께 수련을 받았고, 선방의 책임도 물려받게 되었습니다. 그는 평생을 참선 속에서 보내며 이 수행의 정수를 서구에 소개하고 싶다는 열망을 품어왔습니다.

"제가 이곳에서 일으키고 싶은 건 순수한 형태의 불교입니다."

스즈키 노사는 사람들을 향한 심오한 사랑, 그리고 선 불교에서 전하는 단순하고 핵심적인 수행, 즉 좌선 또는 '지관타좌只管打坐(그저 앉아 있기)'의 아름다움과 힘을 깊이 믿었습니다. 전통을 바탕으로 하지만 또 거기에 매이지 않으며 평범한 사람들의 삶에 단단히 뿌리내리고 꽃피울 수 있는 개방적이고 유연한 방식으로 불교의 지혜를 전하고자 했습니다.

1960년대 샌프란시스코에 소코지桑港寺와 선 센터San Francisco Zen Center, 타사하라 젠 마운틴 센터Tassajara Zen Mountain Center를 처음 세웠을 때에는, 스즈키 노사가 꾸려가는 이상적이고 활력 넘치는 공동체가 이 정도로 불교 역사에 한 획을 그을 수 있을지 아무도 몰랐습니다. 그는 그저 새로운 사고와 수행, 존재 방식을 시험하려는 수많은 사람 가운데 하나일 뿐이었고, 금세 사라져버릴 수도 있었습니다.

그런데 시간이 흐르면서 사람들은 스즈키 노사가 상당히 색다른 가르침을 전했다는 것을 알게 되었습니다. 미국에서 수없이 많이 생겨났던 영적spiritual 유행과 유토피아적 공동체들이 대부분 사라졌지만, 스즈키 노사가 일궈낸 수행의 계보와 선 센터는 이제 서구 세계에 깊이 뿌리내려 더욱 넓게 성장하고 있습니다. 그의 가르침과 수행 방식은 변화하는 문화 속에서도 더욱 번성하고 있습니다. 사회적인 변화의 물결보다 훨씬 깊숙한 곳에 자리하고 있는, 더 심오하고 보편적인 것을 짚어내기 때문입니다. 이는 그저 인간으로 존재하는 것, 다시 말해 '살아 있다는 것' 혹은 '자기 자신이 되어가는 것'에 대한 이야기이기 때문에, 어디서든 변화를 일으키고 계속 살아남을 수 있는 가르침이 됩니다. 스즈키 노사는 단지 한 세대에 영향을 준 것이 아니라, 살아 있는 전통을 서구 세계에 성공적으로 옮겨 심었습니다. 장소와 시간을 넘어 뿌리내린 한 그루 나무 위에 새로운 가지를 돋게 한 것처럼, 진정성 있고 지속 가능한 선 수행을 자리 잡게 했습니다.

이 책을 세상에 선보이기까지

2018년, 인자한 노스승 소준 멜 와이츠먼 노사는 저에게 스즈키 노사의 말씀을 담은 새 책을 함께 편집하자고 제안했습니다. 그는 스즈키 노사의 오랜 제자이자 선 센터 두 곳의 주지승입니다. 제 근본 스승Root Teacher, Tsawé Lama이기도 하지요. 소준 노사는 오랜 세월 동안 스즈키 노사의 가르침을 들으며 그 가운데 가장 빛난다고 느끼는 것들을 기록해 모아두었습니다. 주석이 잔뜩 달린 강연록, 샌프란시스코 선 센터 소식지의 발췌본, 선 센터가 발행한 문집 《윈드벨Wind Bell》의 일부와 기타 수많은 기록물 등으로, 언젠가 다시 필요할 거라 생각하고 모아둔 것들이었습니다. 이제 때가 왔습니다. 소준 노사는 이를 편집해서 출간해야겠다고 생각했습니다. 우리의 일은 스즈키 노사의 지혜뿐 아니라, 소준 노사의 개성과 가르침도 담긴 프로젝트가 됐습니다.

저는 소준 노사가 2021년 세상을 떠날 때까지 함께 스즈키 노사의 말씀을 편집하며 보낸 수많은 시간을 언제까지나 소중히 기억하려 합니다. 우리는 종종 버클리 선 센터에 있는 그의 사무실에서 책과 종이가 잔뜩 흩어져 있는 탁자에 앉아 차를 마셨고, 소류지의 접객실에서, 또 가끔은 근처의 식당에서 만나 시간을 보냈습니다. 팬데믹이 기승을 부리던 시기엔 화상회의로 얼굴을 보았지요. 나란히 앉아 그의 스승과 저의 대스승이 남긴 말씀들을 함께 들여다보고, 뜻을 헤아리고, 감사하고, 웃고, 고개를 끄덕이며 즐겼던 그 감미로움을 오롯이 전하기가 참 어렵습니다. 우리는 스즈키 노사를 이해하기도 했고, 또 이해하지 못하기도 했으며, 우리 서로를 이해하기도 했고, 이해하지 못하기도 하면서 그 시간 자체를 마음 깊이 누렸습니다.

우리는 작업을 하면서 보석 같은 말씀들로 가득한 서류함과 태산 같은 스즈키 노사의 강연록 아카이브를 들여다보았습니다. 우리가 특별히 강조하고 싶었던 가르침을 더 채워 넣을 수 있도록 도움이 되는 부분들을 발굴해내려 했습니다. 그것은 윤리나 도덕성, 보살계에 대한 스즈키 노사의 급진적이고도 따뜻한 시선이었습니다. 소준 노사는 스즈키 노사가 비범하고 심오하게 보살계를 이해하고 있으며, 이는 꼭 존중받아야 할 가치라고 느꼈습니다. 실제로 스즈키 노사 자신도 그렇게 말하고 있고요. 소준 노사는 자신의 스승이 보살계를 바라보는 방식을 제가 이해할 수 있게 도우려고 끈질기고도 자애롭게 애써주셨습니다. 비록 소준 노사가 세상을 떠나기 전에 이 말씀들을 완벽하게 편찬하고 편집할 수는 없었으나,

저는 그분이 떠난 후 홀로 이를 마무리할 수 있었습니다. 저는 작업을 하면서 언제나 소준 노사가 가까이에 존재하는 것처럼 느꼈습니다. 그의 스승인 스즈키 노사의 말씀을 세심히 매만지면서 제 스승을 잃은 슬픔을 애도할 수 있어서 감사했습니다.

웃음을 온전히 전할 수 있도록

스즈키 노사의 말씀을 편집하면서 가장 어려웠던 것은 그의 기쁨에 담긴 깊이를 온전히 전하는 것이었습니다. 쾌활함과 다정함, 웃음소리는 녹음된 그의 목소리를 들을 때는 뚜렷하게 드러나지만, 글로 읽기만 해서는 놓칠 수 있는 부분이지요. 그의 웃음은 모든 곳에 존재합니다. '웃다'와 '웃음소리'라는 표시가 스즈키 노사의 말씀을 담은 강연록 페이지마다 빼곡하게 담겨 있습니다. 그는 심오한 이야기를 전하는 중에도 과하게 의미를 담거나 지나치게 깐깐하게 굴지 않았던 게 분명합니다. 그의 웃음 뒤에는 언제나 큰 진심이 깔려 있습니다. 그는 웃으면서 말합니다. 우리는 엄격해야 하고, 친절해야 하며, 진지해야 한다고요. 그렇게 하는 게 아무리 어려워도요. 대체로 어렵기는 하지만요. 그가 "저는 상당히 진지합니다"라고 말할 때도 진심이고, "하지만 지나치게 진지해지기는 싫습니다"라고 말할 때도 진심입니다.

스즈키 노사가 일본 조동종 본산 에이헤이지永平寺에 계시는 자신의 스승 구마자와 겐지에 대해 했던 말을 그대로 가져올 수 있을 것 같습니다. "그는 좌선을 아주 철저히 훈련했기에 언제나 진지하면서도 동시에 언제나 유머러스했습니다. 단순히 엄숙한 것이 아니라, 그의 진지함에는 언제나 행복과 기쁨이 담겨 있었습니다."

소준 노사와 저는 처음에 이 책에도 '웃음'이라는 표시를 남겨두려고 했었지만, 그렇게 하면 결국 독자가 읽기에 부담스러울 수도 있다고 생각했습니다. 비록 스즈키 노사의 웃음이 따로 표시되지 않았더라도 터져 나오는 웃음소리는 여전히 남았습니다. 잘 살펴보면, 스즈키 노사의 웃음이 문장과 문장 사이에서 불쑥불쑥 튀어나올 겁니다. 그때마다 그의 다정한 마음과 기쁨 어린 진심을 느껴보세요.

이 책을 읽으면서 그의 말씀이 무엇을 의미하는지 명확하지 않거나, 이상하고 냉정하게까지 들린다면, 곳곳에 흩뿌려진 '웃음'이라는 표시를 상상하며 다시 한번 읽어주시길 바랍니다. 그리고 그 의미가 어떻게 바뀌는지 눈여겨봐주시길. 아마 그것이 스즈키 노사가 뜻하시는 바였을 겁니다.

2024년 9월

샌프란시스코 소류지에서

주지 지류 러츠먼-바일러

1장

그저 앉아서 진정한 나를 만나라

어떻게 앉는지가

당신이 진정한 자신이 되도록 해줍니다.

먼저 느낌을 나누세요

마음속에 쓸데없는 잡동사니가 너무 많아 우리의 느낌을 사람들이나 사물, 혹은 나무나 산과 나누기가 참 어렵습니다. 숲속 한가운데에 있다 하더라도 수풀의 느낌을 온전히 받아들이기가 어렵습니다. 우리가 수풀의 느낌을 정말로 가늠할 수 있을 때, 그게 바로 참선입니다.

이 순간 이 자리에서 우리가 가진 느낌을 나누는 것이 선禪 수행의 근본입니다. 한마디로 말해 선은 우리가 어디를 가든 우리의 느낌을 사람들이나 나무, 산과 나누는 것입니다. 그것이 바로 선 수행입니다.

어쩌면 우리의 마음은 아이스크림이나 바나나 같은 것들, 아니면 이 가게에서 파는 비누와 저 가게에서 파는 비누의 가격, 신문을 읽다가 눈에 들어오는 세일 광고 등으로 가득 차 있습니다. 그래서 지금 당장 여기서 우리가 느끼는 진짜 느낌을 나누기가 거의 불가능합니다.

우리의 인생은 계속 흘러가고, 또 끝도 없이 잡동사니로 채워집니다. 처음부터 잡동사니는 아니었을 거예요. 어느 순간에는 여러분에게 중요한 일이었겠지만, 그 순간이 지나고 나면 붙들고 있을 필요가 없는 것들입니다.

우리의 일상생활도 마찬가지입니다. 마음속에 쓸데없는 잡동사니가 너무 많아 우리의 느낌을 사람들이나 사물, 혹은 나무나 산과 나누기가 참 어렵습니다. 숲속 한가운데에 있나 하더라도 수풀의 느낌은 온전히 받아들이기가 어렵습니다. 우리가 수풀의 느낌을 정말로 가늠할 수 있을 때, 그게 바로 참선입니다.

깨달음을 얻기까지 부처님은 여러 스승 밑에서 배우고 수행하며 다양한 철학과 종교에 파고들었습니다. 하지만 자신이 그런 것들에 얽매여 있음을 깨닫자 그에 대한 흥미를 잃었지요. 그런 노력에 지쳐 모든 것을 내려놓았습니다.

마침내 부처님은 보리수 아래에 앉아 깨달음을 얻었

습니다. 우리는 이렇게 말하죠. “부처님께선 깨달음을 얻으셨다.” 그러나 어쩌면 이렇게 말하는 게 더 맞을지도 모르겠습니다. “부처님께선 모든 걸 완전히 잊으셨다!” 그 순간 부처님은 마음속에 아무것도 품지 않았습니다. 부처님이 동쪽에서 뜨는 샛별을 보았을 때, 그것은 깨끗하게 비운 마음으로 본 첫 광경이었습니다. 부처님이 샛별을 보고 기쁨을 얻은 이유가 여기에 있습니다. 다시 말해, 부처님은 샛별과 느낌을 나눴습니다. 그게 부처님의 느낌인지 샛별의 느낌인지 헤아리기는 어렵지만, 어쨌든 부처님은 샛별과 함께 느꼈습니다. 그게 바로 부처님의 깨달음이었습니다.

부처가 되었다는 것은 그가 진정한 자신이 된 상태이며, 모든 사람과 만물에 오롯이 연결되었다는 것을 의미했습니다. 부처가 되기 위해서는 마음속 갖가지 잡동사니를 버릴 필요가 있습니다.

불교의 가르침은 마음의 ‘비어 있음’에서 생겨나는 가르침입니다. 순수한 마음, 아니면 성스러운 마음에서 나오는 가르침이지요. 여러분이 순수한 공空의 상태에서 말을 한다면, 무슨 말을 하든 간에 부처님의 말씀이라 생각합니다. 마음의 순수함을 가지고 움직인다면, 그게 바로 부처님의 활동입니다. 우리는 그렇게 할 수 있습니다. 우리는 명상하고, 부처님의 이름을 읊고, 아니면 경전을 읽습니다. 한편으론 우리의 마음을 비우기 위해, 또 다른 한편으론 텅 빈 마음에서 나오는 부처님의 말씀을 묵상하기 위해서입니다.

텅 빈 마음으로 좌선 자세를 취하기 위해서는 약간의 기술과 설명이 필요합니다. 우리가 수행하는 것은 마음을 열기 위해서입니다. 마치 통조림을 열듯이 마음을 열어야 합니다. 힘껏 뚜껑을 따서 열어야 그 안에 담긴 것을 먹을 수 있습니다.

그러나 그냥 여는 것만으론 충분하지 않습니다. 반복하는 정신도 필요합니다. 반복하는 정신을 갖추지 못한다면, 이런 정신이 여러분 일상의 바탕이 되지 못한다면 매일매일 겪는 문제들에 대처하기 어렵습니다. 우리는 살아가면서 뭔가를 먹어야 합니다. 먹고 난 자리에는 깡통이나 포장지 같은 쓰레기가 수북이 쌓이지요. 그러므로 우리는 계속 노력해야 합니다. 매일 식탁을 치워야 한다는 의미입니다. 식탁을 깔끔하게 다 치우고 있다고 느끼더라도, 영원히 그렇게 하겠다는 정신으로 마무리해야 합니다.

여러분의 수행에서 이런 지속적인 마음가짐이 빠져 있다면, 단순히 환각제를 복용하거나 술을 마신 후에 경험하는 것들과 다르지 않을 거예요. 깨달음의 경험과 환각에 빠지는 경험은 크게 다릅니다. 한쪽은 보살이 되겠다는 서원Bodhisattva Vow을 바탕으로 생겨나지만 다른 한쪽은 특정 물질의 도움을 받아 일어나는 돌발적인 경험이니까요. 하나는 여러분이 언제든 몇 번이나 반복해서 지속적으로 누릴 수 있는 경험이지만, 다른 하나는 무언가의 도움 없이는 가질 수 없는 경험입니다. 저는 그저 우리가 해야 할 수행을 더 명확하게 이해할 수 있도록 이런 것들을 비교하는 것뿐입니다. 사실 저는 걸핏하면 비판적으로 구는 사람인데, 그러고 나면 기분이 그리 좋지 않아요. 그러니 여기까지만 하겠습니다!

우리는 매일 식탁을 치워야 하고, 식탁이 깨끗할 때조차 계속 그 상태를 유지하려고 노력해야 합니다. 이것이 또 하나 중요한 부분입니다. 그 식탁이 더럽다고 생각해서 깨끗이 치운다면, 그 마음이 더러운 겁니다. 뭔가를 더럽다고 생각하는 것은 여러분의 마음이 더럽다는 의미입니다. 그러니 '더럽다'와 '깨끗하다', 아니면 '옳다'와 '그르다'를 분별하는 마음을 떠나보내야 합니다. 여기에서 핵심은, 분별을 거두는 것입니다. 깨끗이 치우되 그게 더러워서 치우는 게 아니라 그저 우리가 사는 동안 반드시 해야 하는 일이기에 치운다는 것이지요.

좌선 수행에는 이유가 없습니다. 제가 처음 미국에 왔을 때, 왜 그렇게 많은 사람이 좌선 수행을 하는지 궁금했습니다. 사람들은 가부좌를 틀고 허리를 꼿꼿이 세운 채 앉아 있었어요. 왜 그런지 이해할 수 없어서 이렇게 물었습니다. "왜 여기 선당禪堂에 오게 되었나요?" 그러면 이런 대답이 돌아왔지요. "잘 모르겠어요."

어떤 사람들은 제게 꼭 이유를 알려줘야겠다고 느꼈는지 몇 가지 이유를 댔지만, 그다지 납득이 가지 않았어요. 그래서 저는 계속 궁금해하기만 했습니다. 그러나 "잘 모르겠어요"가 정답이라고 생각합니다. 그게 무엇인지, 아니면 왜 하고 있는지 모를지라도 이 요점을 이해하고 좌선과 그에 따르는 수행을 해나간다면 불교 수행의 본질적인 태도를 갖추게 될 것입니다.

온몸에 주의를 집중하기

붓을 쥔 건 오른손이지만 왼손도 일을 하고 있습니다. 화가는 온몸으로 선 하나를 그리고 있는 것입니다.

어쩌면 제가 여러분을 좌선 수행처럼 특정한 방식으로 몰아가려는 것처럼 보일 수도 있겠어요. 그러나 사실 그렇지 않습니다. 제가 수행의 형식을 강조하는 것은 그게 여러분이 정말로 집중할 수 있는 길이기 때문입니다.

우리가 제안하는 지침 하나만 무시해도 여러분은 진정으로 집중하지 못할 겁니다. 등을 곧추세우지 않으면 깊고 좋은 호흡을 하는 게 어렵습니다. 좋은 호흡이란 자연스럽고 깊게 숨 쉬는 것을 의미합니다. 호흡은 차분해야 하고, 또 강해야 합니다. 좋은 자세를 취해야 호흡이 아주 자연스럽고 깊어질 수 있습니다. 숨은 반드시 아랫배까지 닿아야 합니다. 실제로 아랫배까지 닿게 숨을 쉴 수는 없어요. 폐의 아랫부분까지는 닿더라도 더 아래로는 어렵지요. 아랫배까지 닿는다는 느낌이 들면 됩니다.

서예가나 수묵화가는 완벽한 좌선의 자세를 취하지 않더라도 그 자세를 작품에 담아냅니다. 이들은 획 하나, 선 하나로 많은 것을 표현합니다. 우리의 수행이 만물을 담고 있듯이 말입니다. 이것이 다른 미술과 신화禪畫의 차이일 수 있습니다. 선화에서는 점 하나, 선 하나에 온 마음을 다합니다. 화가들이 어떻게 작업하는지를 보면 이해하기 쉬울 겁니다.

화가들은 보통 오른손에 붓을 쥐는데, 왼손은 오른손보다 더 열심히 움직입니다. 붓을 쥔 건 오른손이지만 왼손도 일을 하고 있습니다. 화가는 온몸으로 선 하나를 그리고 있는 것입니다. 한 손만 사용해서는 그림을 제대로 그릴 수 없습니다. 어떻게 해서든 왼손은 오른손을 도와야 하고, 온몸은 붓이 뭔가를 표현하기 위해 자유로이 움직일 수 있게 해야 합니다. 여러분이 붓에 모든 노력을 담고 만물과 혼연일체가 된다면, 참된 의미로 그림을 그릴 수 있습니다.

그렇기에 우리는 자세가 중요하다고 강조합니다. 앉아 있지 않을 때도 꼿꼿이 허리를 세운 자세를 유지하고, 어떻게 해야 자신의 활동에 집중할 수 있는지를 알아내야 합니다. 어떤 방식으로든 여러분이 하는 그 일에 온전히 몰입할 수 있는 길이 있습니다.

만물을 아우르며

여러분이 진정으로 자신이 되는 순간, 여러분은 만물을 아우릅니다.

우리의 좌선 방식은 여러분이 '자기 자신이 되는 것'을 위한 것입니다. 가타기리片桐 노사가 항상 말합니다. "자기 자신에 안착하라." 진정한 나가 되기 위해서지요.

여러분이 진정으로 자신이 되는 순간, 여러분은 만물을 아우릅니다. 그곳에 무엇이 있든 여러분의 일부가 됩니다. 여러분은 과거와 미래의 모든 이들과 함께 수행합니다. 그것이 우리의 수행입니다. 그러나 진정으로 자신이 되지 못한다면, 그런 수행을 하기 어렵습니다.

여러분이 앉아 있을 때, 여러분은 생명이 있는 것과 없는 것 모두와 함께 앉아 있는 것입니다. 조동종을 창시한 도겐道元 선사는 수행으로 만물을 아우르지 못한다면 그건 진정한 수행이 아니라 이야기했습니다.

여러분은 어쩌면 아주 오랫동안 수행하면 깨달음을 얻고, 그러고 나면 수행에 만물과 만인을 아우를 수 있다고 생각할지도 모릅니다. 그러나 여러분의 수행은 이미 만물을 아우르고 있습니다. 2년이나 3년 정도 지나면 만물을 아우를 만큼 수행이 완벽해질 거라 생각하는 것은 잘못된 생각입니다. 이렇게 생각한다면 무언가를 놓친 것입니다. 바로 진정성이지요.

자기를 잊고, 자신이 어디에 있는지, 얼마나 오랫동안 이 자리에 머물렀는지 잊어가며 수행을 할 때, 그 수행은 만물을 어우릅니다. "나는 선원에서 좌선 수행을 한다"라고 말할 때 '나'와 '선원'은 군더더기입니다. '선원'이나 '내' 수행이라는 생각 때문에 수행에 한계가 생깁니다. '내' 수행이라고 말할 때 수행은 아주 보잘것없고, '선원'이라고 말할 때 수행은 아주 제한적입니다. 이런 생각을 몽땅 잊고 그저 수행에만 정진한다면 그때 바로 여러분의 수행은 완벽해지고 과거, 현재, 미래, 그리고 만물을 아우르게 됩니다. 이것이 수행의 핵심이지요.

그저 앉아서
진정한 나가 된다는 것

진정한 나가 된다는 것은 어찌 되었든 문제가 되지 않습니다. '그저 앉는 것'이 의미하는 게 바로 그것입니다.

이제부터 '지관타좌', 그저 묵묵히 앉아 있는 것의 의미를 설명하려 합니다.

한 승려가 스승에게 말했습니다.

"너무 덥습니다! 덥지도, 춥지도 않은 그런 곳에 앉을 수는 없을까요?"

그러자 스승이 답했습니다.

"더울 때는 더운 부처가 되어야 한다. 추울 때는 추운 부처가 되어야 한다."

이 이야기는 이렇게도 전합니다. "더울 때는 더위에 죽어야 하고, 추울 때는 추위에 죽어야 한다." 그러나 "죽는다"라고 말한다면 이 '죽음'은 군더더기입니다. 깨달음을 "얻는다"라고 말한다면 이 '얻음'은 군더더기입니다. 도겐 선사는 좀 더 직설적으로 말했습니다. "더울 때는 더운 부처가 되고, 추울 때는 추운 부처가 돼라." 이것이 바로 지관타좌, '그저 앉는 것'의 의미입니다.

수행이 잘 안 될 때는 여러분은 '못난 부처'가 됩니다. 수행이 잘될 때는 '잘난 부처'가 됩니다. '못난' 것도 부처이고, '잘난' 것도 부처입니다. '못난' 것도 부처요, '잘난' 것도 부처요, 여러분도 부처입니다. 무슨 생각을 하든, 무슨 말을 하든 한마디 한마디가 부처가 됩니다. "나는 부처이다." '나는'도 부처이고 '부처'도 부처이고 '이다'도 부처입니다. 부처, 부처, 부처. 여러분이 무슨 말을 하든 부처가 되는 데 아무런 문제가 없습니다. 부처여, 부처여, 부처여, 부처여. 이를 외국어로 번역할 필요도 없고, 불교를 그럴듯하게 설명하느라 진을 뺄 필요도 없지요. 여러분이 "부처, 부처, 부처"라고 말한다면 그걸로 됩니다. 만물이 부처입니다. 앉는 것도 부처요, 눕는 것도 부처요, 말 한마디도 부처입니다. 그게 우리 방식입니다. 그게 지관타좌이지요. 이렇게 이해하며 좌선 수행을 하면, 그것이 참된 선입니다.

그저 묵묵히 앉아 있으라 말하지만, 이를 이해하기는 아주 어렵습니다. 그래서 도겐 선사가 그리 많은 가르침을 남겼던 것일지도 모릅니다. 그분의 가르침이 어렵다는 의미가 아닙니다. 그저 묵묵히 앉아 있을 때 여러분은 그 무엇도 생각하거나 기대할 필요 없이 도겐 선사가 의미했던 바가 무엇인지 알 수 있습니다. 자기 자신을 부처로 받아들일 때, 그리고 절대적인 가르침과 진리, 기본원리가 펼쳐지는 대로, 또는 위대한 존재의 일부로서 만물을 이해할 때 여러분이 생각하거나 보는 것은 무엇이든 부처님의 실제 가르침입니다. 문제는 여러분이 뭔가를 하려고 애쓰기 때문에 생겨나지요. 아니면 여러분이 '해도 그만, 안 해도 그만'이라고 가벼이 여기기 때문에 생겨나기도 합니다.

여러분이 깨달음을 얻기 전에 이미 깨달음은 이 자리

에 있습니다. 깨달음이 드러나기에 깨달음을 얻는 것이 아닙니다. 깨달음은 언제나 여기에 있고, 이를 알아차리는 것이 깨달음입니다. 깨달음이 언젠가 닿거나 얻을 수 있는 특별한 것이라 생각한다면 좌절할 수밖에 없습니다.

여러분이 이를 찾아 헤매고 있는 탓입니다. 또는, 깨달음을 얻는 것이 불가능하다고 느낀다면 역시나 좌절해서 수행을 그만두고, 더 가치 있고 쉬워 보이는 다른 가르침을 찾으려고 할 것입니다. 그렇게 이 가르침 저 가르침 옮겨 다니게 되면 정작 자신의 진정한 모습과 모든 존재의 진정한 모습을 깨달을 수 있는 시간을 결코 만나지 못할 것입니다.

그러니 여러분이 자신의 진정한 모습을 알게 됐는지, 또는 깨달음을 얻었는지는 중요치 않은 문제입니다. 깨달음을 분명 얻었다면 참 좋겠으나, 그렇지 않더라도 또 다른 가르침을 찾아 떠날 필요는 없습니다. 진정한 가르침은 항상 이 자리에 있으니까요. 이렇게 이해하는 걸 받아들이기 어려울 수도 있습니다. 한두 달 수행하고 난 후 어느 정도 발전을 이루었다는 생각이 들지 않으면 그만둬버릴지도 모릅니다. 그러나 진짜 수행은 어떤 좋은 것을 추구하면서 얻을 수 있는 게 아닙니다. 이는 그저 현실적인 의미에서 뭔가를 얻을 수 있는 방식일 뿐입니다. 영적인 것을 수행하는 방식은 일반적인 것과 다소 다릅니다. 영적인 것들에 대해 언급하는 것조차도 실제로 영적인 것이 아니라 어떤 의미에서 '대신하는' 것에 지나지 않습니다.

여러분이 이 자리에 존재한다는 것은 언젠가 사라지게 되리라는 것을 의미합니다. 존재하는 모든 것은 결국 사라지게 마련이고, 여러분이 손에 넣은 것을 영원히 움켜쥐고 있을 수는 없습니다. 영원히 존재하는 것은 모든 것이 나타나기 이전부터 있었던 그것뿐일 것입니다. 여러분이 무언가를 찾으려 애쓰더라도 희미한 그림자만 손에 닿을 뿐, 현실 자체를 얻을 수는 없습니다. 아무것도 갈구하지 않을 때만 이를 발견할 수 있고, 깨달음을 얻으려 몸부림치지 않을 때만 깨달음을 얻을 수 있습니다. 여러분은 뭔가를 손에 넣으려고 애쓰기 때문에 놓치는 것입니다.

A는 C나 D가 되려 노력하기 때문에 문제가 생깁니다. 버림Renunciation 또는 내려놓음이란 A가 그냥 A가 되는

것입니다. 그리고 A는 반드시 소멸해야만 하지요. 버림을 연습하는 것은 형태와 색色을 넘어서는 것입니다. 우리는 형태와 색을 오롯이 음미하지만, 이런 것들은 사라지게 마련이고 우리는 거기에 집착해서는 안 됩니다. 그냥 내려놓지는 않더라도 이를 떠나보내야 한다는 것을 받아들여야 합니다. 그것이 버림입니다.

A가 언제나 A로 남으려 애쓴다면 그것은 존재하지 않는 뭔가에 집착하는 것입니다. 그것은 허상이지 버림이 아닙니다. A는 그저 A가 되어야 하고, A는 A의 형태로 사라져야 합니다. C나 D 같은 형태로 다시 나타나더라도 말입니다. 하지만 C나 D 역시 C나 D와 다른 뭔가가 되려고 애써서는 안 됩니다.

저는 젊었을 때 다른 학생들과 함께 수행의 목적에 대해 토론하곤 했습니다. 우리는 목표라는 개념이 그 현실과 다를 수 없음을 알았고, 수행이 개념과 현실 사이를 이어줄 다리가 되어줄지 궁금했습니다. 그래서 여기에 대해 논쟁했던 것이지요. 그러나 도겐 선사의 가르침에 따르면 수행은 그저 '수행'이라는 부처요, 다리는 그저 '다리'라는 부처요, 현실은 그저 '현실'이라는 부처요, 개념은 그저 '개념'이라는 부처랍니다. 여기에는 아무런 문제도 없지요. "나는 인간입니다"라고 말할 때, 이는 부처를 부르는 또 다른 이름일 뿐입니다. '인간'이라는 부처인 것이지요. 그러니 건너편 기슭까지 이어줄 다리가 필요 없게 됩니다. 건너 기슭은 건너 기슭이라는 부처입니다. 이쪽 기슭은 이쪽 기슭이라는 부처입니다. 만물이 부처요, 다만 이름들만 다를 뿐입니다. 버림은 이쪽 기슭은 이쪽 기슭이오, 건너 기슭은 건너 기슭이라는 것에서 얻을 수 있습니다.

오직 A가 A일 때, 오직 우리가 스스로 A로서 혹은 '나'로서 만족할 때만이 포기할 수 있는 기회, 소멸할 수 있는 기회가 있습니다. A가 다른 뭔가가 될 수 있다면 A는 영원한 존재일지 모르지만, 그런 영원한 생명체는 존재하지 않습니다. A는 그저 A일 때만 소멸하는 것이 가능해집니다. 존재하는 만물은 소멸해야만 합니다. 소멸하지 않는다면 그것은 살아 있는 존재가 아니라 허상과 유령일 것입니다.

그러니 우리는 "그저 앉으라"라고 말합니다. 그리고 "A는 그저 A여야 한다"고 말합니다. 여기에서 '그저'는 더도 덜도 없이 A로부터의 '해방'을 나타냅니다. 여러분은 다른 뭔가가 되려고 애쓰기 때문에 현실을 잃어버리고 맙니다. 제 말뜻을 아시겠나요? 저는 그저 A, 그저 저입니다. 그러면 저는 해방을 얻고 깨달음을 얻습니다. 어느 곳에도 묶이지 않습니다. 저는 유령이 아니에요. 저는 이곳에 있지요. 저는 부처입니다.

이는 복잡하고 화려한 가르침이 아닙니다. 그저 앉는 것보다 더 직접적인 가르침은 없습니다. 여러분은 이에 대해 아무 말도 보탤 수 없고, 맞다 아니다 말할 수조차 없습니다. 제가 그렇게 말했다고 해서, 또는 부처님이 그렇게 말했다고 해서 믿어야만 하는 것이 아닙니다. 이는 여러분 자신이 직접 찾아내야 하는 진실입니다. 그리고 여러분 자신이나 다른 누군가에게 어려움을 안기지 않고 내려놓을 수 있는 유일한 방식입니다. 그저 진정한 나가 된다는 것은 어찌 되었든 문제가 되지 않습니다. '그저 앉는 것'이 의미하는 게 바로 그것입니다.

세월이 흐르면 여러분은 그저 앉는 수행을 통해 그야말로 진정한 자신이 되어 있는 순간을 발견하게 될 것입니다.

당신이 누군지 알아내려 애쓰지 마세요

자신이 누군지 알아내려 애쓸 때 자기중심적이고 편협한 마음을 쓰게 됩니다. 이 방법은 소용이 없습니다.

동산東山 선사는 물에 비친 자기 모습을 본 후 다음과 같이 깨달음의 시를 지었습니다.

당신 자신을 찾으려 애쓰지 마라.
당신이 누군지 알아내려 애쓰지 마라.
그 길에서 발견한 당신은 진짜 당신이 아니다.

그러나 자기 방식대로 살 때,

되돌아볼 때마다 자기 자신을 만나리.

이 시는 여러분이 좌선할 때마다 자기 자신을 발견해야 한다는 의미를 담았습니다. 여러분이 자기 자신만의 발걸음을 내디딜 때, 어디를 향하든 자신과 만나게 될 것입니다. 그것이 보살의 방식입니다.

어쩌면 여러분은 물에 비친 자기 모습을 들여다보면 스스로가 누구인지 알아낼 수 있겠다고 생각할지도 모릅니다. 동산 선사는 여러분이 보는 그 형상은 여러분이 아닐지라도, 물에서 보는 것은 그 모습 그대로 여러분 자신이 된다고 말합니다. 동산 선사는 《보경삼매寶鏡三昧》라는 책에서 똑같이 말합니다. "당신은 그것이 아니다. 그것이 당신이다."

그는 여러분의 마음을 사로잡기 위해 이런 역설적인 문장을 사용합니다. "당신은 그것이 아니다. 그것은 당신이다." 여러분이 스스로 누구인지 알아내려 애쓸 때, 거울에 비친 자기 모습을 보더라도 그 모습은 여러분이 아니라는 의미입니다. 그러나 자신이 누구인지 알아내려 애쓰지 않으면서 거울에 비친 상을 그저 바라보기만 할 때, 그것이 여러분 자신이 됩니다.

자신이 누군지 알아내려 애쓸 때 자기중심적이고 편협한 마음을 쓰게 됩니다. 이 방법은 소용이 없습니다. 깨달음을 얻으려고, 아니면 위대한 사람이 되려고 애쓴다면 이뤄낼 수가 없습니다. 여러분은 우리 방식으로 수행하기 전에는 부처였습니다. 그러나 여러분은 편협하고 자기중심적인 방식으로 수행할 때 자기 자신을 잃게 됩니다.

이 말을 잘못 이해하면, 여러분이 무엇을 하든 그게 우리의 수행법이라 생각할지도 모릅니다. 이런 오해는 이기적인 마음으로 사익을 탐할 때 생깁니다. 아무런 기대나 탐심貪心 없이 우리 방식대로 수행하기란 상당히 어렵습니다. 그래서 우리는 선당에서 다양한 규칙을 세웠지요. 여러분은 자아에 대한 개념 없이 그냥 규칙을 따르면 됩니다. 자아의 개념을 내려놓을 때 진정한 수행을 할 수 있습니다. 진정한 수행은 자기중심적이지 않습니다. 규칙은 여러분이 자기중심적이고 별 소용없는 수행을 하지 않도록 도와주고, 진정한 수행을 하도록 용기를 줍니다.

우리는 수행을 쉽게 이어갈 수 있도록 규칙을 다듬습니다. 어쩌면 여러분은 딱딱한 규칙을 따르는 게 어려운 수행이라 생각하면서 “와, 이렇게 까다로운 수행은 시작하질 말았어야 했는데”라고 말할지도 모릅니다. 좁은 마음 탓에 그런 식으로 느끼는 겁니다. 그러나 진정한 수행이 무엇인지 이해할 때, 불교의 여러 가지 계율과 규칙을 따르는 것이 다른 사람들뿐 아니라 여러분에게도 도움이 될 것입니다.

마음을 헤아리며

제가 알게 된 것은 우리가 마음을 붙잡으려고 하거나 확실히 보고 싶어 하면 결코 그 마음을 붙잡을 수 없다는 겁니다. 그저 뭔가를 할 때, 마음이 있는 그대로 움직일 때, 여러분은 진정한 의미에서 마음을 붙잡을 수 있습니다.

선은 '있는 그대로' 보고, '있는 그대로' 받아들이며, '자라는 대로' 키우는 수행입니다. 이것이 수행의 근본적인 목적이고 선의 의미입니다. 그러나 있는 그대로 보는 건 어렵습니다. 여러분은 실제로는 그렇지 못할 때도 있는 그대로 본다고 말할 수 있습니다. 여러분의 시선이 왜곡되었다는 의미가 아닙니다. 여러분은 뭔가를 보자마자 이미 이를 지성적으로 분석하기 시작합니다. 지성적으로 분석하면 즉시 더 이상 여러분이 처음에 보았던 그것이 아닙니다.

어린 시절에 저는 진실한 것을 수행하고 싶었고, 도道를 추구하는 마음의 진정한 의미를 알고 싶었습니다. 뭔가 선한 행동을 하는 것이 도를 추구할 수 있는 마음과 같다고 생각했습니다. 그래서 매일 일찍 일어나 다른 사람들이 깨기 전에 화장실과 세면대를 청소했습니다. 저는 그게 아주 착한 일이라고 생각했지만, 그 행동을 하는 동안 누군가가 저를 볼까 두려웠습니다. 다른 사람들이 알지 못하는 새에 하고 싶었기 때문입니다. '누군가가 나를 보면, 그건 순수한 수행이 아니게 될 거야'라고 생각했지요. 하지만 누군가가 저를 목격하기도 전에 제 마음은 이미 잘못되어가고 있었습니다. 다른 사람들이 눈치채지 못하더라도 그 일을 하고 싶은지, 아니면 사실은 주목받고 싶은지 궁금했습니다. "나는 왜 이걸 하고 있지?" 스스로 물었습니다. 저는 도를 좇는 제 마음의 순수성을 그리 확신하지 못했습니다.

방 하나에 불이 켜지는 것을 보자 저는 몸을 숨겼습니

다. 누군가가 이미 잠에서 깨어 밖으로 나왔다가 저를 발견할지도 모른다고 생각했으니까요. 적어도 순수한 마음으로 뭔가 좋은 일을 하려 애쓰는 것처럼 보일 테지만, 제 마음은 그리 순수하지 않았답니다! 저는 방황했습니다. 마음은 순수하지 못했고, 어떻게 해야 할지 갈팡질팡하고 있었습니다. 마음이 조금 괴로웠습니다. 무엇을 해야 할지 고민하고, 고민하고, 또 고민했습니다.

제가 대학에서 심리학 수업을 들은 날, 선생님은 이렇게 말씀했습니다. "우리 마음을 정확히 파악하기는 불가능합니다. 우리가 무엇을 지나쳤는지는 특히나 정확히 알 수 없습니다. 몇 분 전에 움직인 마음, 과거에 속해 있는 마음은 파악하기가 불가능합니다. 그리고 지금 당장 움직이는 마음조차 파악할 수는 없지요." 그래서 저는 이렇게 생각했습니다. '내가 내 마음을 헤아리는 게 어려운 건 당연하구나!'

그리고 저는 더 이상 도를 좇는 제 마음을 확신하려고 노력하지 않았습니다. 그 순간, 사람들이 저를 보든 말든 상관없는 문제가 됐습니다. 그 이후로 저는 그게 옳은 일이라 행하는 것인지 고민하지 않고 행동하고 있습니다.

제가 알게 된 것은 우리가 마음을 붙잡으려고 하거나 확실히 보고 싶어 하면 결코 그 마음을 붙잡을 수 없다는 겁니다. 그저 뭔가를 할 때, 마음이 있는 그대로 움직일 때, 여러분은 진정한 의미에서 마음을 붙잡을 수 있습니다.

생각하지 않고 행동하는 것은 우리 자신을 이해하는 데에 가장 중요한 핵심입니다. '사물을 있는 그대로' 보는 일은 어려우니까, 우리는 그저 우리 방식대로 수행해야 합니다.

자기 자신을 찾아서

어떤 제약 속에서도 진정한 기쁨을 찾는 것, 그것이 온 우주를 깨닫는 방법입니다.

남양 혜충南陽慧忠은 유명한 스승이자 뛰어난 선승이었습니다. 그는 중국 남종선南宗禪 6대 조사의 제자였지요. 그가 후학을 많이 두지 않았기에 우리는 그에 관해 거의 알지 못합니다.

남양 선사가 세상을 떠날 무렵 중국 황제가 그에게 바라는 것이 있는지 물었는데, 남양은 "묘비를 세워달라"고 부탁했습니다. 황제가 어떤 묘비를 세워줄지 묻자 남양은 이렇게 답했습니다. "제 제자들에게 물어보시오." 그래서 남양의 묘비를 세우기 전 제자들이 의논을 했지요.

제자 하나가 이렇게 말했습니다. "나라만큼 커야 합니다. 스승님의 묘비는 상湘의 남쪽부터 담潭의 북쪽까지 전국에 걸쳐 있어야 해요."

또 다른 제자가 말했습니다. "아니, 온 세상에 걸쳐 있어야 합니다."

그러나 저는 남양이 답했던 것처럼 말하고 싶습니다. "그 어떤 묘석으로든 충분합니다. 작디작은 돌멩이조차도 세겐 충분합니다"라고요.

천하에 걸친 비석, 아니면 작디작은 돌멩이, 무엇이 좋은가요? 남양은 이렇게 답합니다. "저는 들고 다니거나 옮길 수 있는 작은 돌멩이가 좋습니다." 여러분은 작은 돌멩이가 무엇인지 안다면, 그 돌멩이가 여러분 자신이며 만물을 아우르리라는 것을 알게 됩니다. 그러나 여러분이 자기 자신을 보기 위해 온 우주를 보아야 한다고 생각한다면 갈피를 잃게 됩니다.

여러분에게는 자신을 위한 작은 방이 필요합니다. 정

말로 맞는 말이지요. 여러분이 작은 방 안에서 정말로 자기 자신을 발견할 수 있을 때, 여러분 자신이 존재하고 또 온 우주가 존재합니다. 그리고 여러분은 온 우주를 이해하게 됩니다. 그 작은 방 없이는 온 우주가 와닿지 않습니다. 여러분에게 지금 당장 필요한 것은 작은 방이며, 세상을 떠난 뒤 필요한 것은 작은 돌멩이입니다. 그것이 실제 현실이고, 만인에게 언제나 진리입니다.

그러니 저는 온 우주나 어떤 신비로운 경험에 관해 말하지 않겠습니다. 그저 작은 방 안에서, 아니면 "다리를 이런 방식으로만 꼬아야 합니다"라고 말하는 엄격한 참선 수행에 따라 자기 자신을 발견하는 것에 관해 말하는 겁니다. 이런 제약을 받으며 여러분은 진정한 자신을 발견하겠지요. 진정한 자신은 바로 그곳에 있습니다. 그러나 방이 좋은지 나쁜지, 큰지 작은지만 논하다 보면 진짜 방을 잃게 됩니다. 논하기 이전에, 편견이나 생각하는 마음에 사로잡히기 전에는 여러분만의 진짜 방이 맞았지요.

어떤 제약 속에서도 진정한 기쁨을 찾는 것, 그것이 온 우주를 깨닫는 방법입니다. 온 우주에 접근할 수 있는 다른 방법은 없습니다. 여러분이 바로 이 자리에 존재할 때, 생각하기도 전에 온 우주를 이해할 수 있습니다. 여러분의 어리석은 편견, 아니면 자유에 대한 바보 같은 개념을 버리는 게 중요합니다. 이것이 수행의 방식입니다.

다른 사람의 생각에 휘둘리지 마세요

우리는 머리 위에 뭔가를 얹으려는 게 아닙니다. 그저 우리가 누구인지, 무슨 생각을 하는지 경험하려 할 뿐입니다. 그게 다입니다.

센자키 뇨겐千崎如幻 선사가 세상을 떠나기 전 이런 말을 남겼습니다. "자기 머리 위에 다른 사람의 머리를 얹지 마라."

여러분이 자기 머리 위에 다른 사람의 머리를 얹게 되면 어리석고 자기중심적인 수행에 끌려가고 맙니다. 그것이 부처의 머리라 할지라도 여러분 머리에 덧써서는 안 됩니다. 머리는 하나만 있는 게 낫습니다. 깨달음을 얻으려고 노력하는 것은 자기 머리 위에 다른 사람의 머리를 얹으려고 애쓰는 것입니다. 그러면 쉽게 움직일 수 없게 되지요!

우리는 머리 위에 뭔가를 얹으려는 게 아닙니다. 그저 우리가 누구인지, 무슨 생각을 하는지 경험하려 할 뿐입니다. 그게 다입니다.

우리가 행하는 수행은 자기 머리를 찾는 것입니다. 자기 머리 위에 덧쓴 다른 누군가의 머리도, 아니면 언제나 생각에 빠진 우리 머리도 아닙니다.

자신의 생각하는 마음에 대해 생각하거나 자기 눈을 들여다보는 것은 불가능합니다. 그러나 우리에게는 무엇이 자기 머리인지 분간할 방법이 있습니다. 머리를 똑똑 두드리면 "이게 내 머리지!"라고 느낄 것입니다. 우리는 어느 정도 제약을 받을 때 자신의 머리를 인식하게 됩니다.

본래 있는 마음

여러분의 본성은 선과 악을 넘어섭니다. 선과 악을 넘어서기 때문에 소중합니다. 여러분이 그게 무엇인지 가늠할 수 없기에 소중합니다.

수행의 목적은 본래 있는 마음, 즉 불성佛性을 직접 경험하는 것입니다. 무엇을 하든, 이는 불성을 직접 경험하는 것이 되어야 합니다.

좌선할 때 뭔가 좋지 않은 것이 마음속에 떠오를 수도 있습니다. 어떤 형상이 떠오르면서 그것이 여러분의 지혜나 불성을 가린다고 생각할 수도 있습니다. 여러분은 이 형상으로부터 마음을 깨끗하게 유지해야 한다고 생각하고, 그 형상들이 이미 말끔히 지워지길 바랄 겁니다.

도겐 선사는 우리 마음속에 형상이 있건 없건 간에 이를 지워버리려 노력해서는 안 된다고 이야기합니다. 우리는 마음이 순수하길 바라서는 안 됩니다. 우리는 순수해지고 싶을 때 순수함에 집착하지만, 이는 그리 좋은 일이 아닙니다. 순수함도 좋지만 우리는 본성을 인식하기 위해 수행을 합니다. 본성이란 순수하거나 순수하지 못한 것을 넘어서며, 따라서 우리는 순수하거나 순수하지 못한 데에 집착하지 말아야 합니다.

이 점을 이해한다면 여러분은 아무런 생각도 하지 않고, 떠오르는 그 무엇에도 방해받지 않고 묵묵히 앉을 수 있습니다. 마음속에 한 형상이 떠오를 때 그로부터 도망가려 애쓰지 않을 것입니다. 그저 묵묵히 앉아 있으면 됩니다. 그러면 형상은 사라지고, 여러분은 이를 넘어서게 됩니다.

요컨대 여러분의 마음이 맑을 때 그 맑음에 집착하지 말고, 맑지 않을 때 그로부터 도망치려 하지 마세요. 그로부터 벗어나려 애쓸 때 여러분은 맑음에 집착하게 됩니다. 소자아小自我가 여전히 작동하면서 사악한 생각을 몰아내려 애쓰고 있습니다. 거기에서 벗어나려 애쓸수록 여러분은 옹졸한 자신에게 지배당합니다.

가장 중요한 것은 불성이 무엇인지 정확히 아는 것입니다. 불성은 소자아가 아니며, 여러분이 무슨 행동을 하는지 지켜보고 언제나 그 행동을 수용하는 대大자아입니다. 무슨 짓을 하든 불성은 이렇게 말할 겁니다. “하, 좋구나. 거기서 잘못된 건 하나도 없다.” 깨달음은 언제나 그 본성을 의식하는 것입니다.

사람들은 대개 참선 수행을 하면 결국에는 깨달음을 얻고 악으로부터 완전히 자유로워질 거라고 엄청나게 오해하고 있습니다. 이 오해를 바탕으로 수행을 하면 옹졸한 수행이 됩니다. 큰 마음大心도 아니고, 순수한 수행도 아닙니다. 진정한 수행은 불성이 무엇인지 알고, 이를 의식하며, 큰 마음을 수행하는 것입니다.

그러니 우리 수행에서는 선과 악이 없습니다. 선과 악의 문제가 아니기 때문입니다. 우리가 말하는 선과 악은 여러분의 작은 마음에서 나옵니다. 본성에는 좋고 나쁨이 없습니다. 여러분의 본성은 선과 악을 넘어섭니다. 선과 악을 넘어서기 때문에 소중합니다. 여러분이 그게 무엇인지 가늠할 수 없기에 소중합니다.

다이구 료칸大愚良寬 선사는 유명한 조동종 승려입니다. 그는 선의 진수가 "그 무엇도 악하지 않다"는 데 있다고 말했지요. 그는 아주 엄격하게 수행했지만, 다른 사람이 어떻게 말하는지, 심지어는 자기 자신이 어떻게 느끼는지 신경 쓰지 않았습니다. 그게 무엇이든 전혀 마음에 두지 않았답니다. 자신이 아파도 마음에 두지 않았고, 다른 사람들이 자신을 오해해도 전혀 마음에 두지 않았습니다. 누군가가 가볍게 굴어도 절대로 마음에 두지 않았습니다. "그 무엇도 악하지 않으니까"요.

그러나 어떤 사람이 꽤 심각하거나 진지할 때 료칸 선사는 크게 마음을 썼습니다. 진지한 사람이 그에게 조동종 선의 방식이 무엇인지 묻는다면, 그는 아주 진지하게 대했습니다. 료칸 선사는 예리하고 엄격한 불성을 지니고 있었습니다. 그러한 엄격함 때문에 그는 어떤 인생을 살든 받아들일 수 있었지요. 자신의 가난하고 초라하며 불행한 인생도 받아들일 수 있었습니다. 그는 엄격한 불성을 지니고 있었기에 전혀 마음에 두지 않았습니다. 우리의 불성 역시 매우 명료하고 엄격해야 합니다.

돌 위에는 풀을 심을 수 없다고 합니다. 여러분도 돌처럼 되어서 그 위에 좋지 않은 것이 자라지 않도록 해야 합니다. 선이나 악은 불성 위에서 자라날 수 없습니다. 불성은 단단하고 엄격하기 때문입니다. 선과 악은 망상과 같고, 망상은 여러분의 정신에서 자라날 수 없습니다.

우리는 바늘로 돌을 꿰뚫을 수 없다는 의미에서 '침찰針札'이라는 단어를 사용합니다. 바늘로 강철을 뚫는 것은 불가능합니다. 이것이 우리 식으로 수행할 때 필요한 정신입니다. 이런 식으로 조금씩 조금씩 여러분은 나아가게 될 것입니다.

위대한 현자는 바로 여러분 자신입니다

여러분은 책 안에 위대한 현자를 담고, 그 책을 책장에 꽂아둡니다. 만약 그들을 책장에 꽂아두지 않는다면 그들은 언제나 여러분과 함께할 것입니다.

뭔가를 꿈꾸지 않고 좌선을 하면서 자기 자신을 온전히 표현할 수 있다면 그것이 바로 만물을 아우르는 수행입니다.

그렇게 수행을 하면 부처님이 여러분과 함께하고, 달마대사가 여러분과 함께합니다. 그리고 모든 현자가 여러분과 함께합니다. 그 순간 누가 예수이고, 누가 부처이며, 누가 달마대사이고, 누가 도겐 선사입니까? 누가 그들입니까? 그들은 바로 여러분 자신입니다.

어떻게 부처나 위대한 현자들이 영원히 존재하는 것이 가능할까요? 그들이 여러분과 함께할 때 가능합니다. 여러분이 그들을 생각할 때 어떤 형태로든 여러분과 함께합니다. 그리고 그들을 생각하지 않을 때도 여러분과 함께합니다. 이 점을 잊어서는 안 됩니다.

어쩌면 여러분은 현자들의 형상을 마음속에 품어야만 그들과 함께한다고 생각할지도 모릅니다. 그러나 현자들의 진짜 존재는 언제나 여러분과 함께하고 있습니다. 여러분이 그들에 관해 생각하지 않을 때조차 그렇습니다. 실제로 그렇습니다. 현자들이 늘 그곳에 있는 건 아니라고 생각하겠지만, 그것은 너무 얄팍하고 물질주의적인 생각입니다. 진지하지 못하지요.

여러분은 책 안에 위대한 현자를 담고 그 책을 책장에 꽂아둡니다. 만약 그들을 책장에 꽂아두지 않는다면 그들은 언제나 여러분과 함께할 것입니다.

현자들을 이런 방식으로 이해한다면 여러분은 그저 불교도나 기독교도 어느 한쪽에 머무르지 않을 겁니다.

"저는 기독교도입니다"라고 말할지라도, 실제로 여러분은 기독교도일 뿐 아니라 불교도도 됩니다. 여러분이 진정한 자신이 될 때, 현자를 책꽂이에 넣어두지 않을 때, "저는 기독교도입니다"라거나 "저는 불교도입니다"라고 한정 지어 말할 필요가 없을 겁니다.

저는 언제나 여러 종교를 가진 분들을 만나는 게 즐겁습니다. 우리는 진정한 의미에서 사람들과 함께 살아가기 위해 최선을 다합니다. 그게 전부입니다.

승복을 입는 일에 대해

저는 승복이 진정한 의미에서 옷감을 있는 그대로 사용하는 정신, 그리고 진정한 나가 되는 저 자신의 정신을 상징하기 때문에 입습니다.

여러분이 수행에서 올바른 정신을 갖췄다면, 얼마나 오랫동안 수행해야 하느냐는 둥, 어떤 종류의 수행을 해야 하느냐는 둥 하는 게으른 생각에 빠지지 않을 것입니다. 여러분은 '불교'나 '선' 또는 '임제종臨濟宗의 방식'이나 '조동종의 방식'이라는 말을 들어도 그리 반갑지 않을 겁니다. 이런 단어들은 신경에 거슬리겠지요.

어떤 사람들은 이렇게 묻기도 합니다. "선사님은 왜 항상 승복을 입으십니까? 왜 항상 같은 방식으로 앉아 계십니까?"

어쩌면 우리 승려들은 특별한 승복을 입는다고 생각할지도 모릅니다. 하지만 사실 그렇지는 않습니다. 부처님은 길거리와 묘지, 아니면 쓰레기통에서 여러 가지 천을 주워 승복을 지었지요. 천 조각들을 빨고 깨끗이 만든 후에는 큰 조각과 작은 조각들을 특별한 방식으로 기웠습니다. 승복은 크고 작은 천들을 사용할 수 있게 만들어졌어요. 작은 천 조각들은 더 작은 부위에 쓰이고, 커다란 천 조각들은 더 큰 부위에 쓰일 수 있게 말입니다.

부처님이 사용했던 옷감들은 모두 낡았기 때문에, 승복의 색깔은 그다지 밝거나 아름답지 않습니다. 그렇다고 해서 밝은 색상의 천이 석가모니 부처님의 옷에 쓰일 수 없다는 의미는 아닙니다. 그렇게 이해했다면 잘못된 것입니다. 무슨 색깔이든 불교의 승복으로 쓰일 수 있지요.

무슨 색깔인지, 또는 무슨 소재로 만들어졌는지 완전히 잊을 때 우리의 승복이 될 수 있습니다. 비단일 수도, 리넨일 수도, 면일 수도 있지만 우리가 그 옷감들을 사용할 땐 비단도, 리넨도, 면도 아닙니다. 그저 부처의 승복이지요. 우리가 '부처의 승복'이라 부르는 것은 그저 승복이자, 옷감입니다. 이 옷감이 그저 이 옷감이 될 때 더 이상 특별한 옷감이 아닙니다. 그것은 우주의 일부이지요.

우리의 좌선 수행도 정확히 이와 같습니다. 여러분이 그저 여러분일 때, 그것이 바로 수행이 만물을 아우르는 방식입니다. 내 것인지 네 것인지 따지지 않고 옷감이 그저 옷감이게 내버려둔다면, 이 옷감은 모든 사람을 위한 것이 됩니다.

우리는 이렇게 생각하며 승복을 만듭니다. 우리 자신만을 위해 승복을 만드는 것이 아닙니다. 우리는 만물을 아우르며, 만인을 위한 더 위대한 것을 만들고 있습니다. 승복을 만드는 방식은 우리의 수행을 표현합니다. 어쨌든 뭔가 걸칠 것이 필요하거든요. 특히나 겨울에는 그렇죠! 그러다 보니 우리의 진정한 앎을 표현하고 사람들이 수행에 참여할 수 있게 도와줄 뭔가를 입는 게 낫습니다. 그러한 까닭에 우리는 승복을 만듭니다. 이 점을 놓친다면, 우리의 승복은 더 이상 우리의 승복이 아니며, 부처의 승복도 아닙니다. 우리가 이 핵심을 이해하고 이런 정신을 가지고 옷을 지을 때만 부처의 승복이 됩니다.

여러분 한 명 한 명이 이런 정신을 가지고 세상을 살아가야 합니다. 지금 이 순간 여러분은 제 얘기를 듣고 있지만, 엄밀히 말하면 제 말에 귀를 기울여서는 안 됩니다. 혼자 힘으로 해내야 하지요. 여러분은 여러분 자신이어야 합니다. 이런 정신을 갖추고 여러분만의 방식으로 삶을 살아야만 합니다. 그렇게 해서 여러분 한 명 한 명은 불교도가 되는 것이지요. 여러분이 자신의 방식을 다른 사람에게 강요하면서 부처의 방식이 최고라고 생각할 때, 불교는 더 이상 불교일 수 없습니다. 불교는 여러 방식 중 하나가 아니고, 일본식이거나 미국식인 것도 아닙니다. 불교는 저마다 다른 각자의 방식입니다. 제가 일본인처럼 행동하고 일본식으로 행동하는 이유는 오로지 제가 일본인이기 때문이지요. 여러분이 정말로 가사袈裟(승려가 장삼 위에 걸쳐 입는 승복으로, 일반적으로 왼쪽 어깨에서 천을 드리워서 오른쪽 어깨를 노출시키는 형태다 - 옮긴이)나 낙자絡子(승려가 일할 때 입는 간소화된 가사로, 목에 걸어 입는 간편한 형태로 되어 있다 - 옮긴이)를 만들고 싶다면 그 옷은 부처의 승복이 될 수 있습니다. 그러나 부처의 승복을 따라 만든다면 그건 부처의 승복이 아닙니다.

여러분이 정말로 부처가, 아니면 부처의 제자가 되고 싶다면 자연스레 부처의 승복을 만들고 입게 될 것입니다. 불교를 선전하는 게 아니라 그저 진심으로 불교도가 되고 싶다는 의미일 뿐이며, 그게 전부입니다. 여러분이 정말로 불교도가 되고 싶어 한다면, 하나부터 열까지 자연스레 말과 행동이 부처님이나 달마대사가 말했고 행동했던 것과 같아질 것입니다.

예전에 저는 여러분이 정말로 진정한 자신이 되고 싶은 순간 만물을 아우르게 된다고 말했습니다. 이제 저는 여러분이 정말로 불교 승려가 되고 싶다면 자연스레 부처님의 옷을 입고 싶어지리라고 말하고 싶습니다. 조금 헷갈리는 이야기일 수 있지만, 모순은 아닙니다. 저는 승복이 진정한 의미에서 옷감을 있는 그대로 사용하는 정신, 그리고 진정한 나가 되는 저 자신의 정신을 상징하기 때문에 입습니다. 우리가 이 옷을 입을 때 그건 모순이 아닙니다.

자신을 돌보세요

진정한 자신이 되기 위해서는 다양한 욕망을 비롯해 나를 어떻게 돌볼지 고민해야 합니다. 아픈 다리를 어떻게 돌봐야 하는지, 바른 자세를 어떻게 잡는지, 그리고 숨을 어떻게 고르게 내쉴 수 있는지 말입니다.

제가 에이헤이지 선원에 머물 때 주지승은 기타노北野 선사였습니다. 그는 젊은 시절 탁발을 하다가 산길을 따라 산꼭대기까지 올라서 휴식을 취한 적이 있습니다. 산 안개 사이로 마을이 내려다보였고, 그곳에 도달하려면 시간이 오래 걸리겠다는 걸 알 수 있었습니다. 애연가였던 그는 바위 위에 앉아 담배를 꺼냈습니다. 산 아래를 내려다보니 그 풍광은 참으로 아름다웠습니다. 아시다시피 그런 풍경 한가운데서 담배 한 모금을 피우는 건 정말로 끝내주는 일이니까요. 게다가 피어오르는 안개 속에서라니!

풍광이 너무나 아름다운 나머지 그는 그만두고 말았습니다. 그 순간 담배를 그만 피우게 됐다는 겁니다. 어떤가요? 기타노 선사는 풍광이 너무 멋져서 담배를 끊어버렸습니다. 진정한 욕망이란 무엇인지, 그게 정확히 무엇인지 알게 됐기 때문입니다.

또 다른 얘기를 들려드릴게요. 겨울이 되면 우리는 차갑고 건조해진 피부를 긁기 시작합니다. 눈이 많이 오면 피부가 쉽게 상하고, 봄이 오기 전까지 가려워집니다. 간지러우면 당연히 긁을 수밖에 없어요. 긁고 또 긁고, 긁으면 긁을수록 피부는 더 간지러워지고, 긁는 걸 멈출 수 없게 됩니다. 추위에 상한 피부를 긁어대는 건 건강한 일이 아니지요.

피부가 상하길 바라는 사람은 아무도 없습니다. 건강한 게 아니니까요. 그런데 일부러 피부가 상하길 바라는 사람은 없더라도, 피부를 긁는 기쁨이나 쾌감을 좋아하는 사람은 많습니다. 기타노 선사는 흡연이 몸에 좋지 않다는 걸 알고 있었습니다. 우리 모두 피부가 상하는 걸 바라지 않는다는 걸 아는 것과 똑같이요.

여러분은 상한 피부를 함부로 긁어서는 안 된다는 걸 알아야 합니다. 그리고 어떤 종류의 욕망이 자신에게 도움이 될지, 그리고 얼마나 큰 욕망을 품어야 할지 알아야만 합니다. 이를 알면 자연스레 자신의 욕망을 통제할 수 있게 되고, 상한 피부를 세게 긁지 않을 수 있습니다. 긁지 않고 참는 건 아주 어려운 일입니다. 매우 중요한 이야기지만, 우리에게는 정말 심각한 문제입니다. 여러분은 깨달음을 얻으려고 고군분투한다 생각하더라도, 사실은 그저 상한 피부나 긁고 있는 것이거든요.

부처님은 우리에게 욕망을 억누르라 말씀했지만, 욕망이 나쁘다거나 우리가 욕망을 품어서는 안 되기 때문이 아닙니다. 욕망을 품고 올바르게 수행하는 것이 진정한 수행입니다. 욕망을 조절하지 못할 때 다양한 문제가 생겨나고, 그로부터 고통받을 수 있습니다. 여러분이 수행을 하고 있다 생각하더라도, 이 부분을 수행하지 않으면 그로 인해 더 좋지 않은 문제를 짊어지게 됩니다.

저는 여러분이 이 부분을 아주 명확하게 이해해주길 바랍니다. 어려운 이야기를 하는 게 아닙니다. 그러나 여러분은 이 부분을 이해한다면, 이를테면 담배를 끊는 것 같은 어려운 순간에도 자기 자신을 어떻게 대할지 알게 될 것입니다.

우리의 규칙은 깨달음을 얻은 한 사람의 경험이라는 관점에서 나옵니다. 여러분은 그저 상한 피부를 긁고 싶을 뿐이고, 그게 자유라 생각할 거예요. 엄마가 "긁지 마"라고 말하면 엄마랑 싸우려 들 수도 있죠. 사람들 대부분은 이렇게 저마다의 입장에서 해석하고 행동합니다. 그러나 우리의 규칙은 다릅니다. 우리의 규칙은 '깨달음의 규범'입니다.

여기서 여러분은 제 말을 믿어도 됩니다. 제가 뭔가 그럴듯한 말을 한다면 저를 믿으실지는 모르겠지만요! 그러나 지금 저는 아주 솔직해지려 합니다. 이런 경험을 아주 많이 해왔기 때문이지요. 여러분이 자신의 욕망을 잘 파악하고 있을 때 자연스레 올바른 수행을 하게 되고, 이 올바른 선행 덕에 여러분은 일상의 골칫거리들을 해결하는 데에 도움을 얻을 수 있을 겁니다.

우리의 방식은 말하자면 '조동종의 방식'입니다. 조동종의 방식이라 부르지만 사실 그저 우리네 인생에서 혼란과 고통을 없애는 방식을 의미하지요. 조동종에서는 좌선을 더 강조합니다. 좌선하고, 좌선하고, 좌선해야 합니다. 좌선이란 진정한 나가 되어야 한다는 의미입니다. 진정한 자신이 되기 위해서는 다양한 욕망을 비롯해 나를 어떻게 돌볼지 고민해야 합니다. 아픈 다리를 어떻게 돌봐야 하는지, 바른 자세를 어떻게 잡는지, 숨을 어떻게 고르게 내쉴 수 있는지 말입니다.

여러분은 진심으로 자기 자신을 돌볼 때, 할머니와 같은 마음을 가지게 될 것입니다. 언제나 자신에게 "과식하지 말아야 해" 같은 이야기를 하게 되는 거지요. 왜냐하면 언제나 스스로를 돌보려고 애쓸 것이니까요. 좌선하듯 말이지요. 화가 날 때는 "너무 화내지 마"라고도 말해봅시다. 그렇게 말하는 게 별 도움은 안 될지라도, 이런 식으로 자신의 분노를 다스릴 수 있습니다.

이것이 좌선에서 자기 자신을 돌보는 방식입니다. 좌선에서는 아무리 바라도 "화내지 마!"라고 소리칠 수 없답니다. 그리고 결국에는 너무나 자연스레 분노가 가라

앉을 거랍니다. 좌선을 통해 여러분은 어느 특정한 대상에 분개하지 않게 됩니다. 화낼 시간이 없을 겁니다. 이것이 자기 자신을 돌보는 방법이지요.

이런 식으로 자기 욕망, 그리고 자기 자신의 주인이 된다면 그다음에는 만물의 주인이 될 수 있습니다. 여러분의 수행은 만물을 아우를 것입니다. 자기 자신을 돌보는 방식은 여러분이 친구를 대접하고, 또 이 사회에서 살아가는 방식이 될 것입니다. 아무런 문제도 일으키지 않을 것이며, 다른 이들을 도우려 애쓰지 않아도 실질적으로는 돕고 있는 셈이 될 것입니다. 그렇게 행동하기란 아주 어렵습니다. 따라서 여러분이 그런 태도를 갖춘다면 다른 이들에게 좋은 본보기가 될 것이며 사람들은 여러분의 뒤를 따를 것입니다. 여러분의 진가를 알아보지 못할 수도 있지만 가까이 지내는 것만으로도 기분 좋게 느낄 것입니다.

여러분이 조동종의 방식을 통해 배운 것은 자기 자신을 돌보는 법, 그리고 자신과 타인에 대해 업보를 쌓지 않고 이 세상을 살아가는 법입니다. 사람들은 보통 업보라는 개념을 무시하는 듯 보입니다. 욕망하는 대로 행동하다 보면 많은 업보를 쌓게 마련이지만, 그럼에도 자신의 업보를 돌아보려 하지 않지요. 이를 무시하려 애쓰지만, 그 업보로 인해 고통받는 것은 바로 여러분 자신입니다. 원인과 결과라는 진실을 무시할 수는 없습니다. 자신의 욕망과 행동을 통제하지 못해 업보를 쌓게 되면, 그 결과는 자기 자신에게 돌아오고 맙니다.

여러분은 수행의 힘을 빌려 악한 업보를 선한 업보로 바꿔놓아야 합니다. 올바른 수행 덕에 악한 업보는 방향을 바꿉니다. 사라지지는 않아요. 한번 쌓은 업보는 언제나 따라다니니까요. 하지만 그 업보는 방향을 바꿀 수 있어요. 업보에 공을 들이면 그 업보는 선한 업보가 됩니다.

있는 그대로

그 방석 위에 여러분이 앉아 있는 방식은 사물이 저마다의 자리에서 존재하는 방식과 같습니다.

우리는 '자아'라는 단어를 사용하지만, 실제로 불교에는 자아의 개념이 없습니다. 불교에서는 '무아無我'를 강조합니다.

무아는 사물을 '있는 그대로' 본다는 의미입니다. 즉, '있는 그대로의 사물'이 무아입니다. 우리가 자아라는 개념에 집착하지 않을 때 '있는 그대로' 볼 수 있습니다. 사물이 사물 그 자체로 존재하듯, 우리도 우리 자체로 존재합니다. 이것이 무아입니다. 무아는 우리가 존재하지 않는다는 의미가 아닙니다. 우리는 존재하되, 자아로서가 아닌 '우리 자체로' 존재한다는 의미입니다. 이런 식으로 살아가는 것이 우리가 수행하는 목적입니다.

우리가 수행하는 가장 큰 목적은 우리가 누구인지, 사물이 무엇인지를 진정한 의미에서 깨닫는 것입니다. 그 방석 위에서 여러분이 앉아 있는 방식은 사물이 저마다의 자리에서 존재하는 방식과 같습니다.

인생을 살면서 여러분이 이런 좌선 수행을 바탕으로 행동한다면 언제나 가족, 이웃, 그리고 여러분이 마주하는 만물과 멋진 조화를 이룰 것입니다. 과하게 애쓰거나 게을러지지도 않을 것입니다. 딱 필요한 일을 하게 될 것입니다. 그것이 좌선의 느낌입니다.

여러분이 여기에 존재한다는 것은 부처가 존재한다는 의미이며, 부처가 존재한다는 것은 여러분이 여기에 존재한다는 의미입니다. 부처와 여러분은 다르지 않습니다. 부처가 그런 방식으로 존재하면, 여러분도 그런 방식으로 존재합니다. 석가모니 부처님은 6년 동안 고행한 끝에 불성을 얻었습니다. 그분은 불성을 얻기 전부터 이미 부처였습니다. 그러다 석가모니 부처님은 자신이 부처임을 깨달았고, 만물이 같은 방식으로 존재함을 깨달았습니다. 여러분은 본래 부처이기 때문에, 여러분의 모습 그대로 행복할 것입니다.

우리는 우리가 어떻게 존재해야 하는지 알고 있어야만 다른 이들을 어떻게 도울 수 있을지 알게 됩니다. 이러한 이유로 우리는 일상에서도 좌선 수행을 해야 합니다. 일상에서 올바르게 수행을 실천한다면 진정한 의미에서 다른 사람들을 도울 수 있습니다.

분노에 관한 문답

분노, 탐욕, 망상은 진정한 자신이 되지 못할 때 드러납니다.

제자 스승님은 '그저 앉기'와 '진정한 나가 되기'를 말씀하시지만, 단순한 분노에 대해서는 어떻게 생각하시나요? 분노와 좌선 사이에는 어떤 관계가 있을까요?

스즈키 노사 분노와 그저 앉기는 전혀 다릅니다. 우리가 좌선을 하는 이유가 여기에 있지요! 그저 앉아 좌선할 때는 분노할 수 없어요. 분노는 이성을 잃을 때, 다른 뭔가가 되려고 집착할 때 나타나거든요.

제자 온전히 화만 낼 수도 있습니까?

스즈키 노사 화를 낸 다음에 그 화에 대해 몽땅 잊는다면 좋은 일입니다. 그러나 대개 경우 화는 오래갑니다. 나중에 가서 "나는 그 사람 때문에 화가 났어"라든지 "나는 못났어" 같은 생각이 들면서 더욱 화가 나기 때문입니다. 그러면 그 사람은 여러분이 아닙니다. 그렇기에 여러분은 화가 날 때 그저 묵묵히 앉아 좌선할 수 없다고 하는 거예요. 분노, 탐욕, 망상은 진정한 자신이 되지 못할 때 드러납니다.

제자 하지만 이런 식으로 수행하다 보면 우리에게 소중한 걸 잊은 채 그저 어리석고, 탐욕스럽거나 성난 사람이 될 수도 있지 않을까요? 마음속에 존재하는 건 오직 어리석음과 탐욕과 분노가 전부인 사람이요.

스즈키 노사 불가능하다고 봅니다. 동물이라면 가능할지 몰라도, 인간은 아닙니다.

제자 있는 그대로의 모습일 때 그게 그저 분노일 수도 있지 않을까요?

스즈키 노사 분노가 나쁘다는 건 아닙니다. 분노는 그저 분노이고, 그게 다입니다. 하지만 화를 내려는 핑계가 있다면, 그건 단순한 분노가 아닙니다. 수행하고 우리의 방식을 이해하지 않는다면, 벼락처럼 딱 화만 내기가 훨씬 어렵습니다. 벼락은 '우르릉 쾅!' 하고 치지만 그다음 순간 아무렇지도 않죠. 아름답지요. '콰과광!' 그걸로 끝이니까요. 저도 그럴 수 있으면 좋겠습니다.

좌선에 관한 문답

숨을 돌보는 것이 자신을 돌보는 것입니다.

제자 어떤 제자들은 오랫동안 명상을 해왔지만 아무 일도 벌어지지 않는다고 말합니다.

스즈키 노사 아무 일도 벌어지지 않아요. 그걸로 됐습니다.

제자 스승님은 항상 마음이 흘러가는 대로 따라가려고 호흡 횟수를 세십니까? 아니면 어느 순간 숫자 세기를 그만두십니까?

스즈키 노사 그저 앉는 것이 최선이지만, 그리 쉽지 않아요. 그래서 우리는 호흡을 셉니다. 하지만 울타리를 넘는 양의 숫자를 세듯 하나, 둘, 셋 숨을 세는 게 아니에요. 그렇게 숫자를 세려면 상당히 바빠지지요. 잠을 청하려 할 때는 효과가 있을지 모르지만, 좌선에서는 그다지 효과가 없어요!
숫자를 세는 것은 여러분의 몸과 마음으로 뭔가를 하는 것이고, 몸과 마음으로 수행하는 데 전념하는 것입니다. "몸 전체와 마음으로 수행하세요"보다는 "호흡의 횟수를 세보세요"라고 말하는 게 더 쉽습니다. "몸 전체와 마음으로 수행하세요"라고 말한다면, 여러분은 그게 무슨 말인지 이해하지 못해 갸우뚱할 수 있어요. 그래서 우리는 이렇게 말합니다. "호흡의 횟수를 세세요."
숫자를 세는 방법은 그저 숫자를 세는 것만이 아닙니다. 숫자를 세다가 잊어도 괜찮습니다. 숫자를 세는 방법은 몸의 모든 부위로 세는 겁니다. 무드라Mudra(불교, 힌두교, 자이나교에서 하는 상징적이거나 의례적인 손짓과 자세 - 옮긴이)로, 호흡으로, 마음으로 말이지요. 이것이 집중의 의미지만, 사실 우리는 그 무엇에도 집중하려 하지 않습니다. 우리는 그저 몸과 마음을 정리하려고 이런 식으로 묵묵히 앉습니다. 호흡을 세거나 따라간다고 느끼는 건 도움이 될 수 있어요. 그렇게 하면 마음이 몸의 모든 부위와 함께하니까요. 그것이 호흡을 세는 방법이에요.

제자 명상하는 도중에 떠오르는 생각은 어떻게 가라앉힐 수 있나요?

스즈키 노사 가장 좋은 방법은 마음속에 그리 많은 생각을 품지 않는 것이지요. 여러분은 마음이 수행에 들어가지 못하고 있기에 생각을 시작합니다.
따라서 "내가 뭘 해야 하지?"라고 물으며 방황하기 시작하지요. 여러분의 마음도 수행에 함께 참여해야 합니다. 여러분의 마음을 수행으로 끌어올 방법은 육체적으로 턱을 끌어당기며 목을 쭉 펴는 것입니다. 우리의 턱과 목은 언제나 그런 자세로 있어야 합니다. 그렇지 않으면 우리 마음은 "뭘 해야 하지?"라고 의문을 품으며 정처 없이 돌아다니기 시작할 겁니다. 우리가 생각하기 시작하는 이유가 여기에 있습니다.

제자 눈을 반쯤 감는 게 더 낫나요, 아니면 꼭 감는 게 낫나요?

스즈키 노사 반쯤 뜨세요. 후지모토藤本 노사는 《좌선의 길The Way of Zazen》에서 이렇게 말합니다. "눈높이에 맞춰 어떤 점을 바라보세요. 그리고 1, 2미터쯤 떨어진 곳으로 초점을 옮겨보세요. 그 후에 눈을 반만 떠보십시오. 벽이나 바닥의 한 점에 초점을 맞출 필요는 없습니다."
두 눈으로 특정한 대상을 응시하는 건 아니에요. 구체적으로 초점을 맞추지 않고 이런 식으로 뭔가를 바라본다면 모든 것을 파악할 수 있어요. 이것이 방법입니다.
그게 너무 어렵다면, 호흡의 횟수를 세어보면서 앞에 있는 뭔가에 초점을 맞출 수 있습니다. 어느 만학도는 항상 어떤 물건을 준비해 자기 앞에 놓고선 그걸 응시했습니다. 이건 적절한 방식도 아니고, 그렇게 하라고 말씀하신

스승도 없습니다. 하지만 그 학생에게는 아주 좋은 방식이었다고 생각합니다. 효과가 아주 좋았거든요! 얼마간의 시간이 지난 후에는 이런 물건을 앞에 둘 필요가 없어졌고, 차분히 앉아 좌선할 수 있게 됐습니다.

제자 왜 스승님은 눈을 감지 않고 뜨고 계십니까?

스즈키 노사 눈을 뜨고 있을 때 자연스레 많은 것들을 보게 됩니다. 눈을 감는다면 생각이 더 많아지고, 마음에 여러 다양한 형상이 차오를 겁니다.

제자 매일 20분씩 좌선을 하면서 호흡을 세본다면 어떤 성과를 얻을 수 있을까요? 발전이 있을까요, 아니면 그저 제자리걸음일까요?

스즈키 노사 우리는 가끔 6일 동안 좌선을 하고 돌이 되어버린 사람들의 이야기를 합니다. 그것도 좋지만, 돌이 되려고 좌선 수행을 하면 안 됩니다. 수행 중에 일어날 수도 있는 일이고, 그게 좋거나 나쁘다고 말하지는 않겠습니다. 하지만 그게 우리가 좌선 수행을 하는 이유는 아닙니다.

여러분은 좌선하며 여러 경험을 할 것이고, 점차 이분법에서 벗어나게 되면서 이런 경험들이 좋다거나 나쁘다고 말하지 않게 될 것입니다. 어디를 가든 언제나 평정심과 일관성을 느끼게 될 겁니다. 그러한 바탕이나 평정심을 가지고 여러분은 사물을 '있는 그대로' 보게 될 겁니다.

우리는 이 한결같은 느낌을 '공', '불안佛眼', 그리고 '불심'처럼 다양한 이름으로 부릅니다. 이는 우리 마음의 본질적인 개방성을 의미하지요. 이런 느낌을 가지고 있을 때 여러분은 '이곳'에 있거나 '저곳'에 있다고 느끼지 않을 겁니다. 이곳 또는 저곳은 단순히 이분법적이고 정신적인 차원의 이해입니다. 이렇게 이분법적으로 이해하기 전에 더 순수한 경험을 해야 합니다. 우리가 이런 마음 상태 또는 자아 상태를 유지할 수 있다면 이곳 또는 저곳이라는 개념 때문에 괴롭지 않을 수 있습니다. 뭔가를 좇고 추구할 필요도 없습니다. 만족스러운 기분을 얻게 될 테니까요.

제자 그렇다면 차분히 앉아 오랫동안 좌선 수행을 하면 그렇게 되는 걸까요?

스즈키 노사 우선, 올바른 자세와 올바른 호흡, 자연스러운 호흡에 익숙해져야 합니다. 그러면 자연스레 이런 식의 감정을 가지게 됩니다. 오래 걸려도 말이지요. 호흡은 아주 중요합니다. 마음이 어지러울 때 호흡도 어지러워집니다. 호흡은 정신적인 활동임과 동시에 신체적인 활동이기 때문이지요. 숨을 돌보는 것이 자신을 돌보는 것입니다.

제자 딱 5분만 앉아 있을 수 있다면, 좌선을 하는 게 낫습니까, 아니면 하지 않는 게 낫습니까?

스즈키 노사 5분이요?

제자 아니면 10분이라면요.

스즈키 노사 10분만 앉아 있으면 보통은 마음이 충분히 차분해지기가 어렵지요.

예를 들어, 좌선하고 일어난 후에 우리는 천천히 걸어 다니며 경행經行, 즉 걷기 명상을 합니다. 천천히 걸어 다닐 때 처음 2미터 정도는 호흡이 그리 깊지 않다는 걸 눈치 챌 것입니다. 하지만 계속 걸어 다니다 보면 호흡은 점차 깊어지고 좌선하는 기분을 느낄 수 있습니다. 그러기까지 5분 이상 걸릴 수도 있고, 따라서 10분이 지난 후 멈춘다는 것은 막 명상에 접어들었을 때 좌선을 멈추는 게 됩니다. 아마도 20분은 좌선을 하는 게 더 낫지 않을까 싶습니다.

제자 명상을 하다가 어느 시점에서 득도에 이르게 되고, 이를 어떻게 알아챌 수 있는지 궁금했습니다.

스즈키 노사 부처님은 이렇게 말씀했습니다. "모든 중생에게서 불성을 볼 수 있어서 좋구나." 그분은 모든 중생에게서 불성을 발견했지만, 너무 뒤늦게 그런 말씀을 했다고 생각합니다. 부처님이 말씀했을 때 그건 깨달음이 아니었고, 평범한 세계로 내딛는 첫걸음이었습니다.

사람들은 샛별이 뜨는 모습을 보고 부처님이 깨달음을 얻었다고 말합니다. 그들은 부처님이 샛별을 본 덕에 깨달음을 얻었다고 말할 겁니다. 마치 부처님이 깨닫도록 샛별이 도운 것처럼, 그리고 샛별이 아니었다면 깨닫지 못했을 것처럼 말입니다. 그러나 그런 것이 아닙니다. 우리가 깨달음에 대해 그리 많이 이야기하지 않는 이유가 여기에 있습니다. 깨달음은 어떤 일이 벌어지기 이전에 존재하고 있는 것이기 때문입니다.

"깨달은 마음이 뭡니까?"라고 물을 수 있습니다. 우리가 "깨달은 마음"이라고 말할 때 이는 이미 깨달은 마음을 대상화하는 겁니다. "여기에 깨달은 마음이 있어요. 이제 설명해드릴게요." 하지만 그 설명은 깨달은 마음 바깥에 있는 존재입니다. 아시겠나요?

깨달은 마음에 관해 뭔가를 언급한다는 게 가끔은 맞을 수도 있습니다. 그렇게 하면서 깨달은 마음이 대상화되더라도 말입니다. 그러나 "이게 깨달은 마음이에요. 저는 깨달음을 얻었다고요!"라고 말한다면 좀 웃기게 들릴 거예요. 이해가 가나요?

그러니 깨달음에 관해 아무 말도 하지 않도록 노력해보

세요. 그냥 좌선 수행만 하는 거지요. 뭔가를 이야기하기 전에 깨달음은 이미 자기 자신 안에 존재합니다. 우리 자신에게 있지, 저 바깥 어딘가에 있는 게 아닙니다.

제자 스승님이 미국에서 선을 수행하는 방식과 일본에서 수행하는 방식 사이에 차이가 있나요?

스즈키 노사 좌선 수행은 똑같습니다. 그리 큰 차이를 못 느껴요. 어디를 가든, 저는 일본에 있는 것처럼 느끼거든요! 그러니 여러분의 질문에 답하는 게 상당히 어렵네요. '미국인'이나 '일본인'이라고 말하지만, 좌선 수행을 하기 시작하면 거의 똑같습니다. 우리는 같은 문제를 겪지요.

2장

일상에서 만나는 선

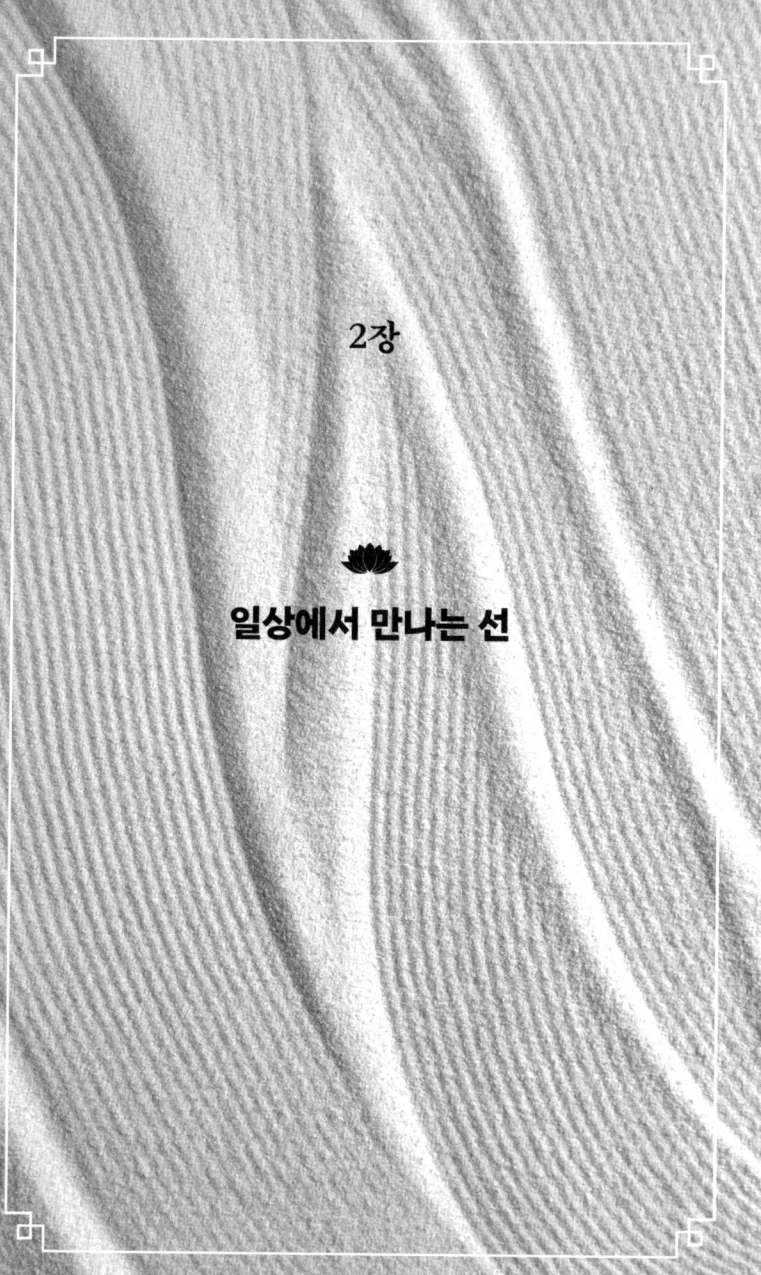

좌선과 일상생활, 일상생활과 좌선은
하나의 수행을 이루는 양면입니다.
이 둘에는 어떤 차이도 있을 수 없습니다.

어울려 살아가는 것

매 순간 우리의 자리를 찾는 게 중요합니다. 장소와 환경에 따라 매 순간 사람들과 살아가는 것이지요.

일상생활에서 여러분의 수행은 정원에서 꽃을 기르거나 뭔가를 키우는 게 될 수 있습니다. 이는 좋은 수행법입니다. 씨를 뿌리면 씨가 싹틔우길 기다리고, 싹이 트면 그 싹을 돌봐야 합니다. 이것이 우리의 수행입니다.

그냥 씨만 뿌려서는 안 됩니다. 이를 매일 돌보는 것이 중요합니다. 집을 짓거나 책을 쓴 후에는 여러분이 할 일이 끝나버리지만, 정원사는 정원을 만든 후에도 매일 돌봅니다. 우리의 수행 역시 마찬가지입니다.

정원사는 씨 하나, 식물 하나가 저마다의 특성과 색깔을 가졌다는 걸 압니다. 돌이 있는 정원에서는 돌들이 저마다 개성을 뽐냅니다. 기다란 돌은 엄숙하고 진중합니다. 동그란 돌은 완벽을 표현합니다. 네모난 돌은 강직함이나 금욕을 표현하지요. 돌 위에 이끼가 끼면 심오하고 신비로운 정신을 갖춘 돌이 됩니다. 정원을 이루는 존재들은 저마다 개성을 지닙니다.

그럼에도 만물의 개별적인 특성을 하나하나 따로 보는 게 아니라 서로 어떻게 연결되어 있는지를 보는 게 중요합니다. 어떤 사람들은 "우리가 무엇을 하든 그게 선이다" 아니면 "나는 이미 사물을 있는 그대로 보고 있다"고 말할지 모르지만, 사물을 따로따로 보는 걸로는 소용이 없습니다. 어떤 면에서는 이들이 사물을 '있는 그대로' 보고 있는 게 사실이지만, 기본적으로는 그저 대상을 따로 따로 바라보고 있는 것입니다.

정원사는 정원을 아름답게 가꾸어야 합니다. 가능하다면 어떤 규칙이나 순서에 따라 의미나 아름다움을 표현해야 합니다. 차분한 정원을 원한다면 정원사는 그런 정원을 가꿔야 합니다. 엄숙하거나 금욕적인 느낌을 원한다면 정원사는 정원을 간결하게 꾸며야 합니다. 정원사는 대비와 조합, 아니면 조화로움을 통해 소재를 고르고 정원을 차분하거나 간결하게 가꿀 수 있습니다.

돌이 날카롭고 곧으면 뭔가 신비스러운 느낌을 표현합니다. 돌이 동글동글하다면 고요함과 평화를 표현합니다. 이 두 가지 모양이 대비를 이루지요. 동그란 돌은 다른 돌과 조화를 이룰 수 있습니다. 어떤 형태와도 완벽하게 어울리기 때문입니다. 넓적한 밑동을 가진 돌은 안정적인 기분을 주면서 묵직한 돌과 대비됩니다. 똑같은 모양을 한 돌들만 배열해서는 아름다운 정원을 만들 수 없습니다. 골라둔 돌과 대비되는 돌도 사용해야 합니다. 규칙이 조화를 만들어냅니다.

마찬가지로 불교의 방식대로 살고 싶다면 어떤 규칙을 따라야 합니다. 내키는 대로 사는 것은 옳은 방법이 아닙니다. 말 그대로 다른 사람과 관계를 맺으면서 살아가고 싶다면, 그리고 과거를 살아왔고 미래를 살아갈 '자기 자신'과 함께 살아가고 싶다면 규칙이 있어야 합니다.

아무 규칙도 없는 듯 보이더라도, 실제로는 엄격한 규칙이 존재하지요.

선에서는 이 점을 강조합니다. 선은 단순히 개인의 수행이 아니며, 우리의 깨달음은 단순히 개인의 깨달음이 아닙니다. 이것이 깨달음의 규칙입니다. 우리가 이 순간 자기 자리를 찾을 때, 우리가 다른 존재들에 맞춰 살아갈 때 우리는 깨달음을 얻었다고 말합니다.

깨달음이 그저 개인적인 경험이라 생각한다면, 이는 마치 네모난 돌이나 동그란 돌만 모으는 것이나 마찬가지입니다. 파란색이나 하얀색 돌만 많으면 흥미로운 정원을 가꿀 수 없습니다. 가지각색의 돌을 사용해야만 합니다.

깨달음도 마찬가지입니다. 어느 특별한 깨달음에 집착하면 그건 진정한 깨달음이 아닙니다. 여러분은 가지각색의 깨달음을 얻어야 합니다. 다양한 경험을 하고, 사람들 사이의 관계를 더욱 강조해야 합니다. 이런 방식으로 우리는 자기 자신을 찾아낸 자리에 따라 이리저리 수행해야 합니다.

이것이 대략적인 우리의 수행입니다. 깨달음이 단순

히 개인의 경험을 수집하거나 내세우는 것이라면 전혀 도움이 되지 않을 겁니다. 그런 것들이 깨달음이라면 부처님이 깨달음을 얻은 후 중생들을 구제하기 위해 굳이 고행할 필요가 없었겠지요. 번뇌와 미망의 길을 방랑하는 목적은 무엇인가요? 깨달음을 얻는 것이 좌선의 목적이라면, 뭐 하러 달마대사는 인도에서 중국으로 넘어와 9년 동안 소림사에서 좌선을 했겠습니까? 매 순간 우리의 자리를 찾는 게 중요합니다. 장소와 환경에 따라 매 순간 사람들과 살아가는 것이지요.

문젯거리를 만들지 마세요

여러분이 지혜를 가졌을 때, 한정된 지식이 아니라 진정한 지혜를 갖췄을 때, 문젯거리가 사라집니다.

사람들은 실제로는 겪고 있지 않은 문제를 만들어냅니다. 어떤 문제를 두려워하거나, 자기 자신에 대해 지나치게 걱정하면 여러분은 실제로는 없는 문제를 만들어냅니다. 근본적으로 여러분에게는 아무런 문제가 없지만 스스로 문제를 만들어내고 또 그로부터 고통받습니다. 우리는 문제 대부분을 제 손으로 만들어냅니다. 냉큼 물을 만큼 구미가 당기는 문제들을 만들어내지요. 그렇게 해서 우리는 인생을 문제들로 가득 채워버립니다.

이 점을 깨달았다면 참선을 수행하는 것이 얼마나 중요한지도 깨닫게 될 것입니다. 여러분은 참선 수행을 할 때 아무런 문제도 존재하지 않는다는 걸 알고, 자신 안에 밝은 빛을 가지게 될 것입니다. 안팎으로 밝은 빛을요. 빛이 비칠 때는 아무런 문제도 존재하지 않습니다. 어둠 속에서 빛이 존재하고, 아무리 노력해도 어둠 속에서 노력해서는 문제를 해결할 수 없지요. 빛이 비칠 때 다양한 문제가 녹아내립니다. 어둡기 때문에 문제가 생깁니다. 어둡지 않으면 문제도 없지요.

커다란 나무 밑에 키 작은 나무들이 있습니다. 그 모습을 보면 여러분은 아마도 키 작은 나무들이 키 큰 나무 밑에서 고통받는다고 생각할지도 모릅니다. 문제처럼 보이지요. 우리는 자연을 바라볼 때조차 여러 문제를 만들어냅니다! 하지만 키 작은 나무와 커다란 나무의 뿌리를 들여다본다면 키 작은 나무들이 커다란 나무 밑에서 어떻게 살아남는지 이해할 수 있을 겁니다. 뿌리를 보지 않는다면 키 작은 나무들은 언제나 커다란 나무 밑에서 어려움을 겪는 것처럼 보일 겁니다. 그러나 키 작은 나무의 뿌리들이 어떻게 커다란 나무 밑으로 파고드는지 이해한다면 키 작은 나무들이 살아가는 법을 이해할 수 있습니다. 커다란 나무 아래로 나뭇잎들과 썩은 뿌리들이 잔뜩 있으니, 키 작은 나무는 커다란 나무 아래서 먹을 것을 얻고, 커다란 나무는 영양분을 주지요. 커다란 나무가 죽으면 작은 나무들은 그 자리를 차지합니다. 이를 알기 전에는 문제처럼 보이지요.

우리의 수행도 마찬가지입니다. 여러분이 지혜를 가졌을 때, 한정된 지식이 아니라 진정한 지혜를 갖췄을 때, 문젯거리가 사라집니다. 여러분은 문제가 그 자체로 문제에 대해, 그리고 여러분과 다른 이들에 대해 의미를 가진다고 알게 될 것입니다. 또한 문제의 진정한 의미와 문제의 진정한 본성을 이해할 수 있을 겁니다.

수행은 허수아비 같습니다. 묵묵히 앉아 좌선한다면 그 주변으로 까마귀가 나타나지 않을 겁니다. 굳이 겁을 주려고 애쓰지 않아도 까마귀는 여러분을 무서워하며 곁으로 다가오지 않을 테니까요. 그러므로 좌선 수행을 한다면 아무런 문제도 없게 되는 거지요.

존경하는 삶

존경을 표하는 것은 단순히 두 손을 모아 합장하는 게 아닙니다.

열반절(부처님이 열반에 든 날을 기리는 명절 - 옮긴이)이 되면 사찰들은 죽음을 기다리며 부처님이 누워 있는 모습을 그린 그림을 내겁니다. 그림 속 부처님은 그를 보러 찾아온 제자와 동물, 새들로 둘러싸여 있지요. 부처님을 본 순간 이들은 모두 울기 시작합니다.

그림을 보고 "고양이가 한 마리도 없어요!"라고 말하는 사람도 있습니다. 이유는 저도 모른답니다! 그 누구도 왜 고양이를 그리지 않았는지 설명해준 적이 없답니다.

저는 열여섯인가 열일곱 살에 적당히 겉치레하는 예절을 의식하게 됐습니다. 당시 저는 승려의 방식도, 선사의 방식도 마음에 들지 않았습니다. 이들은 언제나 절을 했지만, 그다지 진심으로 보이지 않았습니다. 겉치레로 인사를 할 뿐 아무런 감정이 없었으니까요.

저는 그런 식으로 행동하는 것을 '고양이 같은 태도'라고 부릅니다. 고양이의 태도는 아주 정중하고 사랑스럽지만 그리 깊지 않습니다. 강렬한 감정도 담겨 있지 않습니다. "저리 가"라고 말하면 그냥 가버릴 겁니다. 적절하다고 생각하는 일에는 쉽게 접근할 것입니다. 어느 쪽이든 그 안에는 강렬한 감정이 담겨 있지 않습니다. 그러므로 저는 이렇게 생각했습니다. "그래서 고양이들이 부처의 임종을 지키지 않았구나!"

저는 존경에 관해 이야기하고 싶어서 이 말을 꺼냈습니다. 존경을 표하는 것은 단순히 두 손을 모아 합장하는 게 아닙니다. 자기 자신과 다른 이들에게 존경을 표하는 최선의 방식은 겸손함과 소박함을 가지고 살아가는 것입니다. 우리는 소박한 삶을 살지라도 내면에서 영혼이 부유하고, 가장 소박한 방식으로 움직이더라도 다른 사람들에게 좋은 기분을 안겨줄 수 있습니다.

저는 비트족(1950년대 미국에서 기성세대의 질서에 반항하며 개성을 추구했던 젊은 세대 - 옮긴이)이나 히피족이라 해도 다른 사람들에게 가장 소박한 방식으로 존경을 표할 수만 있다면 걱정하지 않습니다. 이들은 사회의 고양이 같은 태도에 저항하고 있다고 생각합니다. 진정성 있는 삶에는 어느 정도 존경이 필요합니다.

종교 생활을 구성하는 사회적 요소는 존경이며, 존경은 다양한 방식으로 표현할 수 있습니다. 몸의 여러 부위를 노출하는 것도 어쩌면 고양이 같은 피상적인 사회적 태도에 대한 저항을 표하는 것입니다. 그러나 여기에는 아쉬운 부분이 있습니다. 불교도들은 겸손을 강조하며, 정제되지 못한 태도로 행동하는 것을 부끄러워합니다. 우리는 부처를 만날 때 당연히 수행이 부족하거나 깨달음을 얻지 못했음을 부끄러워합니다. 우리가 종교나 부처, 아니면 완벽한 성인을 무시할 때 그 무엇도 부끄러워하지 않고, 따라서 생각 없이 더러운 발이나 더러운 신발로 불당에 들어갑니다. 부처가 누구인지 안다면 그렇게 할 수 없고, 자연스레 불당에 들어서기 전에 몸과 옷을 깨끗하게 단장합니다. 그걸로 충분치 않을지 모르지만, 적어도 그만큼은 할 수 있으니까요. 이것이 존경의 표현입니다.

이런 식의 태도 덕에 우리는 공동체나 교단敎團, 또는 사회에 따뜻한 마음을 가지게 됩니다. 요즘 우리의 문화는 피상적이고 고양이 같으며, 우리는 그 고양이 같은 문화를 거부하며 적대감을 드러냅니다. 젊은이들은 북을 치고 춤을 추거나 머리를 길러서 반감을 표하지요. 어느 정도는 괜찮습니다. 고양이가 한두 마리만 있다면 안쓰러움을 느끼겠지만, 요새는 고양이가 너무 많으니까요. 강력한 기계음을 내도 쫓을 수 없을 정도지요! 저는 그 기분을 이해할 수 있습니다만, 너무 시끄럽습니다. 우리가 수행을 계속 이어나가고 사회 안에서 따스한 감정을 느낄 수 있는 방법이 분명 있을 겁니다. 우리가 올바른 정신을 가지고 올바르게 노력한다면, 사회에서 완전한 자유를 누리게 될 것입니다. 이것이 우리가 좌선 수행을 비롯해 여러 활동을 하는 방법입니다.

언제든 유쾌하게

그는 아주 훌륭하게 좌선 수행을 익혔던 만큼 언제나 진지했지만, 동시에 언제나 유쾌한 사람이었습니다.

선승들은 인생에서 여러 유머러스한 요소들을 가지고 있고, 세상을 떠난 후에는 그들이 얼마나 유쾌했는지를 더욱 잘 알게 됩니다. 그들의 유머는 현실보다 더 현실적이지요. 현실은 그다지 현실적이지 않습니다. 만화책을 보면, 그 만화는 실제 사건보다 더 현실적일 수 있습니다. 선사들은 뭔가 현실적인 부분을 가지고 있기에 언제나 유쾌할 수 있다고 생각합니다. 이분들은 평범한 이야기를 하면서 마음속으로는 언제나 만화라도 그리는 듯 표현하고 있을 겁니다. 선사들에게는 만화 같지만, 우리에게는 아주 현실적이고 심각한 문제가 되지요.

제가 에이헤이지 선원에 있을 때 구마자와熊沢 선사가 부주지승이었습니다. 점심 명상을 한 지 사흘째인가 나흘째 되던 날에 선사는 불법을 강연하며 매우 피곤해했지요. 강연 중에 그는 우리에게 돌로 된 '도리이(일본의 신사나 사찰 입구에 세우는 기둥 문 - 옮긴이)'를 부순 참새 이야기를 들려주었습니다. 그는 어떻게 참새가 그런 일을 저질렀는지를 설명하려 애썼고, 여러 차례 우리에게 "이해가 가나요?"라고 물었습니다. 재미있는 이야기였지만 선사가 너무 진지해 보인 탓에 아무도 웃지 못했습니다. 참새가 저지른 짓을 표현하려고 그가 택한 단어에는 '돌 위에 발을 내딛다'라는 뜻도 있지만 '부수다'라는 뜻도 있었습니다. 참새가 돌문을 부수는 일은 불가능하지만 우리는 이렇게 생각했던 거지요. "이런 게 바로 선이구나! 스님께선 분명 심오한 말씀을 하시는 걸 거야." 최근에서야 저는 그게 농담임을 알게 됐습니다. 그는 그저 진지한 태도로 농

담을 했던 것입니다.

그는 아주 훌륭하게 좌선 수행을 했던 만큼 언제나 진지했지만, 동시에 언제나 유쾌한 사람이었습니다. 단순한 진지함이 아니었습니다. 여기에는 언제나 행복이나 기쁨의 요소가 존재했으니까요.

사람들은 대개 그가 농담하고 있다는 걸 몰랐으리라 생각합니다. 그리고 강연이 끝난 후에 우리는 그 이야기를 전혀 하지 않았어요. 우리는 젊었을 적에 그런 우스꽝스러운 이야기를 좋아하지 않았습니다. 아시겠지만 우리는 진지한 학생들이었으니까요. 우리는 그가 우리를 놀렸다는 사실을 전혀 좋아하지 않았고, 그에 대한 말도 꺼내지 않았습니다. 그러나 꽤 최근 들어 저는 이렇게 생각했습니다. "우리가 그렇게나 진지하게 수행을 하고 있는데 우리를 놀려 먹었어!"

어쩌면 96년 일생 동안 그는 우리를 속이고 있었을 겁니다. 구마자와 선사는 세상을 떠나기 직전에 물병을 향해 손을 뻗었고, 간병인이 이를 건네줬습니다. 그는 물병으로 물을 마시며 "캬!"라고 말했고, 그걸로 끝이었습니다. 이 세상에서 사라진 것입니다. 끔찍한 일이었습니다.

신문기자들과 유명한 선승들은 그가 죽음을 맞이한 방식을 칭송했으나, 저는 그가 우리를 놀려 먹었다고 생각합니다.

5년 전 제가 일본에 있는 동안 구마자와 선사가 제 고향을 방문했습니다. 저는 그에게 미국으로 오라고 설득하느라 애썼습니다. 그는 미국에 관해 이것저것 물었고, 마치 제 말에 동의하는 것처럼 보였지요. 하지만 제가 한참을 설명한 후 그는 결국 이렇게 말했습니다. "와, 다카시나 노사에게 적절한 자리이겠습니다. 저 말고, 아마도 다카시나 노사에게요." 그는 항상 이런 식이었습니다.

한번은 어느 노부인이 그에게 아주 달콤하고 비싼 멜론을 가져다주었습니다. 그는 멜론을 물끄러미 바라보더니 이렇게 말했습니다. "와, 좋아요, 아주 좋군요! 하지만 저는 필요 없습니다. 제자들에게 주어야겠어요." 그는 손뼉을 치더니 노부인의 코앞에서 제게 멜론을 가져가라고 말씀하셨습니다. 구마자와 선사는 이 말을 아주 정중하게 했기에 노부인은 화를 낼 수도 없었습니다.

그가 어떤 마음을 가졌었는지는 알기 어렵습니다. 그는 언제나 똑같았지만, 그가 하는 행동은 언제나 달랐습니다. 최근에 저는 그가 했던 일을 조금씩 깨달아가고 있습니다. 저는 그게 진짜 코미디라고 생각합니다.

구마자와 선사가 했던 일들은 우리가 이해하거나 아는 정도를 넘어섭니다. 우리는 그가 한 일을 문자 그대로 받아들일 수는 없습니다. 사실 그는 아무것도 한 게 없으니까요. 그는 그저 입을 열었고, 그게 전부입니다.

비슷하게 저는 그걸 이해할 방법을 모르겠지만, 도겐 선사는 우리가 어떻게 하면 그처럼 살 수 있는지를 보여주었습니다. 사람들과 함께 살아가고, 혼란 속에서 살아가면서도 독립성을 유지하는 것. 그것이 바로 우리 수행의 핵심입니다.

이기적이지 않은 욕망

여러분은 아무런 제한도 받지 않고 영원히 키워나갈 수 있는 포괄적이고 이기적이지 않은 욕망을 찾아내야만 합니다.

우리의 방식은 고행이 아닙니다. 우리의 윤리적 계율을 문자 그대로 읽는다면 고행처럼 보일 수는 있지만, 우리는 이를 전혀 다르게 이해하고 있습니다.

부처님이 태어나기 전 인도에서 하던 고행은 약간 이기적인 면이 있습니다. 죽은 다음에 편안한 내세에 산다는 것을 강조했기 때문입니다. 이 이야기에 따르면 사람은 수행을 통해 더 완벽한 세상, 매우 즐거운 곳에서 다시 태어날 수 있게 됩니다. 불교에서도 고행이 존재하긴 하나 그 목적은 이기적인 욕망을 바탕으로 하지 않습니다. 불교의 목적은 우리의 욕망을 잘 통제해서 알맞은 자리를 찾아갈 수 있도록 하는 데 있습니다. 그럼에도 불교를 공부하기 시작할 때 어떻게 공부하고 어떻게 이해할 것인지에 대한 이기적인 생각이 가득 찰 수 있습니다.

욕망을 키우는 게 잘못은 아니라 생각할지도 모릅니다. 그게 실수입니다. 여러분이 생각이나 반성, 또는 주의를 기울이지 않은 채 욕망만 키워나간다면 그것은 잘못입니다.

욕망을 제한해야 한다는 것은 오직 자기 자신을 위해 뭔가를 바라는 평범하고 좁은 방식에서 욕망을 키우지 말아야 한다는 의미입니다. 여러분은 아무런 제한도 받지 않고 영원히 키워나갈 수 있는 포괄적이고 이기적이지 않은 욕망을 찾아내야만 합니다.

완전하게 갖춰진 유일한 욕망은 부처의 욕망이며, 만물을 포함하며 만인을 향합니다. 부처가 하는 일은 무엇이든 다 옳습니다. 부처는 그저 온전한 존재, 전체 그 자체이기 때문입니다. 부처에게는 친구도 적도 없습니다. 존재하는 만물이 다 부처입니다.

우리는 여러분이 사익을 탐하는 생각 없이 좌선 수행을 해야 한다고 말합니다. 사익을 탐하는 생각은 이기심을 바탕으로 합니다. 부처의 방식을 바탕으로 수행을 한다면, 거기에 이기적인 생각이 끼어들지 못합니다. 수행에서 그 이기적인 생각을 덜어낼 때 진실로 수행할 수 있습니다.

우리는 이기적인 생각을 바탕으로 하는 욕망은 받아들이지 않습니다. 그러나 그 욕망이 이기적이지 않을 때, 그것을 우리의 방식을 펼쳐나가는 데 이용할 수 있습니다. 고행과 불교의 수행에는 차이가 있습니다. 고행과 불교에서 욕망을 통제하는 방식은 똑같아 보일지라도, 실제로는 완전히 다릅니다. 이것이 가장 중요한 핵심입니다.

이기적인 욕망을 통제하기 위해서는 자기 자신에게 엄격해야 합니다. 자신에게 엄격하게 굴지 않으면 아무것도 할 수 없습니다. 수행을 되돌아보고, 뭔가를 말하기 전에 자신을 반성해야 합니다. 아주아주 중요한 요점입니다. 남의 가르침에만 기대서는 안 됩니다. 자기 자신을 반성하고, 스스로 갈고닦으며, 가능한 한 이기적인 생각들을 없애야만 합니다. 멋진 깨달음을 얻었다 하더라도 자기 자신을 갈고닦지 않는다면 진정한 깨달음이 아닙니다. 그리고 그 깨달음은 제대로 발현되지 못할 것입니다.

돈을 존중하는 것

여러분은 돈으로 뭔가를 사면 아무에게도 빚을 지지 않는다고 느낄 것입니다. 그러나 이 생각에는 중요한 것이 빠져 있습니다.

지금 우리 사회가 혼란을 겪는 것은 물질적인 세계에 대한 이해가 부족하기 때문입니다.

우리 사회는 노동을 존경합니다. 물건의 가치를 결정할 때 노동이 가장 중요한 요소라고 생각하지요. 그러나 노동은 우리가 고려해야 할 유일한 요소는 아닙니다. 노동의 가치를 헤아리기 전에 우리에게 주어진 여러 가지를 생각해봐야 합니다. 뭔가에 돈을 낼 때, 거기에 투입된 노동에만 돈을 내는 건 인간의 오만입니다. 그렇게 행동하면 우리는 만물이 지닌 불성을 무시하는 셈입니다. 우리가 여기에 주목한다면 사회가 아주 크게 바뀔 수 있습니다.

노동은 중요합니다. 그러나 노동은 존중하는 마음으로 일한다는 의미여야 합니다. 이것이 노동의 진정한 본성입니다. 사물 자체에 대한 깊은 존중 없이 거기에 들어간 노동의 가치만 인정하는 것은 아주 큰 실수입니다. 존중하는 마음으로 일할 때, 가장 진정한 의미에서 인간의 삶이 됩니다.

우리가 무언가에 돈을 낼 때, 거기에 단지 물건 값만 들어 있지는 않습니다. 거기에는 그 일을 한 사람의 노동에 대한 대가가 담겨 있고, 그 물건에 대한, 부처님이나 신이 우리에게 준 것들에 대한 감사도 담겨 있습니다. 만물을 이런 식으로 이해해야만 우리의 경제체제가 바뀔 것이라 생각합니다.

돈도 이런 식으로 취급해야 합니다. 여러분은 물건에 들어간 노동에 돈을 내며, 돈은 물건과 노동으로 교환됩니다. 그러나 돈을 넘어서, 우리가 받은 물질적인 것에 대한 존중, 노동에 대한 존중, 누군가가 쏟은 노력에 대한 존중이 있어야 합니다.

물건을 교환할 때 여러분은 그 물건을 정화합니다. 여러분은 돈으로 뭔가를 사면 아무에게도 빚을 지지 않았다고 느낄 것입니다. 그러나 이 생각에는 중요한 것이 빠져 있습니다. 돈으로 노동을 사더라도, 돈으로 살 수 없는 부분도 있습니다. 그것이 부처님이 여러분에게 준 진짜 가치입니다. 우리에게 주어진 것들이나 다른 사람의 노동으로 얻은 결과에 공손히 돈을 낼 때, 이 교환행위는 우리의 삶을 정화해줍니다. 이런 생각 없이는 여러분은 손에 넣은 물건에 돈을 내도 여전히 빚을 진 셈이 됩니다. 도겐 선사는 일상생활에 있어 항상 사물과 돈, 노동을 엄청나게 존중해야 한다고 생각했습니다.

돈은 여러분의 것이 아닙니다. 돈은 우리 사회에 속해 있습니다. 여러분은 돈이 자기 소유라 생각하기 때문에 더럽다고 생각할 수도 있습니다. 그러나 돈이 더럽다고 생각하면, 그 생각 자체가 더러우며 돈에 지나치게 집착하고 있다는 의미가 됩니다.

저 같은 사람은 병원에 입원하거나 죽음을 준비하기 위해 돈을 모아야 합니다. 장례식에는 큰돈이 들 테니까요. 제게는 1,000달러나 2,000달러쯤 있어요. 그 정도면 큰돈이지만, 아마 5,000달러나 10,000달러가 필요할지도 모릅니다! 그러나 돈이 얼마나 있든, 돈의 힘에 기대는 것은 잘못된 일입니다. 부처님은 그런 방법을 전혀 좋아하지 않았습니다. 부처님 시대에는 화폐제도가 그리 탄탄하지 못했고, 그는 돈에 초점을 맞추기보다 물건을 축적하지 말라고 가르쳤지요. 승려들은 식사하기 직전에 보시받은 음식만 먹으며 살며, 다음 끼니에 먹을 수 있는 양 이상으로 동냥하지 말도록 했습니다. 저는 이것이 가장 중요한 경제적 가르침이라 생각합니다. 부처님은 훌륭한 경제 선생님이라고 생각하고요.

돈은 교환을 위해 존재합니다. 돈의 흐름을 막아서는 안 됩니다. 부처님의 첫 번째 원리는 '만물은 변하거나 흘러간다'는 것입니다. 돈은 단순히 상징이 아니며, 변화하는 사물의 가치를 표현합니다. 우리가 먹거나 기대어 살 수 있는 것들은 소중하며, 따라서 돈의 흐름이 멈춰서는 안 됩니다. 돈이 흐르지 못하면 경제는 침체할 겁니다.

돈이 우리 사회에 천천히라도 고르게 흘러가고 있으면 사회는 건강한 것입니다.

따라서 돈은 우리 세상을 정화합니다. 돈은 더러운 존재가 아니고, 매우 순수합니다. 돈을 소중히 하고 존중하는 것은 아주 중요한 일입니다. 우리가 돈을 충분히 존중하지 않을 때, 그 돈은 더러워집니다. 얼마나 많은 돈을 가졌는지는 중요치 않습니다. 돈이 별로 없어도 우리는 돈을 존중해야만 하고, 이 사회를 돕는 데에 돈을 활용할 수 있어야 합니다.

언젠가 절의 관리자들이 선 센터를 어떻게 운영해야 하는지 의논한 적 있습니다. 여러분이 이곳에 와서 우리와 함께 공부하고 싶다면 돈을 내라는 말을 하려는 게 아닙니다. 그러고 싶지 않지만, 그것 역시 수행의 일부가 됩니다. 검은 방석 위에서 좌선하는 것만이 수행이 아닙니다. 돈을 다루는 것은 우리에게 아주 중요한 수행입니다.

사람들은 종종 우리가 어떻게 살아남는지를 잊습니다. 머나먼 산속에서도 홀로 살아남을 수 있다고 생각합니다. 그러나 여러분이 머나먼 산까지 갈 수 있는 이유는 돈 덕분입니다. 시에라산맥이나 로키산맥에 들어가서는 일을 할 수 없으니까요! 우리가 여기서 어떻게 살아남는지를 무시하는 건 아주 어리석은 짓이지요.

자연스러움

자신을 수련하기 위해 뭔가를 의도적으로 시작하는 것은 위험합니다.

한번은 일본 북부를 홀로 여행하다가 무시무시한 목줄을 한 개와 함께 다니는 남자를 만난 적이 있습니다. 우리는 작은 섬으로 가는 보트에 올랐습니다. 그가 가장 처음 한 말은 "조심하세요, 우리 개는 물어요!"였습니다.

우리는 좋은 친구가 됐습니다. 그는 제게 모든 중생을 구하는 게 직업이냐 묻고는, 그러려면 사람들의 삶이 어떤지를 알아야 한다고 했습니다. 평범한 사람들이 어떻게 사는지 직접 경험해야 한다고요. 그는 여러 명의 여자와 만나기도 하고, 술도 마셨습니다. 그러면서 저도 똑같이 경험해봐야 자기를 이해할 수 있다고 이야기했죠.

술을 마셔야 하는 상황이 온다면, 어쩌면 괜찮을 수도 있습니다. 무언가 해야만 하는 일, 피할 수 없는 일을 하는 것도 진정한 수련입니다. 그러나 제가 스스로 수련을 핑계로 술을 마신다면, 그건 그 사람과 같은 방식이 아닐 겁니다. 아무 소용이 없겠지요. 자신을 수련하기 위해 뭔가를 의도적으로 시작하는 것은 위험합니다.

의도적으로 뭔가를 할 때에는 그 동기를 아주 신중하게 살펴야 합니다. 예를 들어, 우리 승려들은 수련을 위해 에이헤이지 선원에 들어가지만 언제나 성공하는 건 아닙니다. 자기 의지대로 갈 때, 가끔은 동기가 잘못될 때가 있습니다. 여러분은 일단 수련이 끝난 후에 뭔가를 얻을 수 있길 기대할 겁니다. 깨달음을 얻거나 인격을 드높이길 기대하기도 하지요. 선원에 들어오면서 잘못된 동기를 지니고 있다면, 우리가 해낸 일에 대한 영적인 자부심 때문에 거만해져서 선원을 나서게 될 겁니다. 아주 위험한 일이지요.

안개 속을 걸으면 옷은 축축해집니다. 노력하거나 의식하지 않아도 자연스레 젖어버립니다.

피부가 곧 승복

더러운지, 깨끗한지, 아름다운지는 중요하지 않습니다.

우리의 가사와 낙자는 단순히 가르침의 상징이 아니라 불법佛法 그 자체입니다. 승복이 불교의 상징이라 생각하면 제대로 이해하지 못한 것입니다.

좌선과 승복은 다르지 않다고 이해하는 것이 맞습니다. 좌선을 올바르게 이해하는 것은 낙자나 가사를 올바르게 이해하는 것입니다. 따라서 좌선을 실제로 경험해

보지 못했다면 승복은 실질적으로 승복이 아닌, 그냥 몸에 걸친 옷이 됩니다. 승복은 불법 자체가 되지 못합니다.

도겐 선사는 분소의糞掃衣를 짓는 데 적합한 열 가지 소재를 이야기합니다. 분소의는 더럽고 버려진 것들로 만들어진 승복입니다. 분糞은 대변이나 뭔가 더러운 것을, 소糞는 쓰레기나 먼지를, 의衣는 옷을 의미합니다.

분소의에 적합한 첫 번째 소재는 동물이 씹은 옷감입니다. 두 번째는 쥐가 쏠아 먹은 옷감입니다. 세 번째는 군데군데 불에 타 구멍이 난 옷감입니다. 네 번째는 사람들이 사용하고 버린 옷감입니다. 다섯 번째는 출산 과정에 쓰인 옷감입니나. 여섯 번째는 여러 신을 섬기는 사원에서 쓰이던 옷감입니다. 일곱 번째는 묘지에 버려진 옷감입니다. 여덟 번째는 불교 사원에서 쓰였다가 누더기가 된 옷감입니다. 아홉 번째는 왕의 신하들이 버린 옷감입니다. 열 번째는 장례식 후에 버려진 옷감입니다. 이런 옷감들이라면 무엇이든 분소의를 만드는 데에 적합합니다. 어떤 사람이 평상시에 버린 옷감도 주워서 분소의를 만드는 데에 쓰일 수 있습니다. 더러운지, 안 더러운지는 중요한 게 아닙니다.

도겐 선사는 아름다운 자수가 놓인 비단이나 가죽인지, 아니면 더럽고 버려진 천인지가 핵심이 아니라고 말합니다. 가사는 아름다운 소재로 만들어질 필요는 없으나, 그렇다고 더러운 소재로 만들 필요도 없습니다. 더러운지, 깨끗한지, 아름다운지는 중요하지 않습니다. 중요하지만 이해하기 어려운 이야기일 수도 있습니다.

좌선이 무엇인지 이해한다면 이 핵심도 이해할 것입니다. 여러분은 좌선을 때로는 잘하고 때로는 그다지 잘하지 못한다고 말할 수도 있습니다. 가끔 좌선을 하다 졸리고 나른할 수도 있습니다. "이건 좌선이 아니야!"라고 말할지도 모르지요. 그러나 좌선을 진정으로 이해한다면 그럴 수 없을 겁니다. 좌선은 졸리거나, 나른하거나, 좋고 나쁜 것이 아닙니다. 좋은 좌선이나 나쁜 좌선, 또는 졸린 좌선이라는 개념에서 벗어나게 될 때 여러분은 좌선을 올바르게 이해하게 됩니다. 그러나 이 말을 듣고 좌선을 하다 잠들어도 된다고 생각한다면 잘못 이해한 겁니다.

도겐 선사는 가사를 입고 태어났다고 전하는 인도의 제3대 조사에 관해 이야기합니다. 저는 그 이야기가 진짜인지 아닌지도 모른답니다! 도겐 선사는 이렇게 물었습니다. "그분은 무엇을 입고 태어나셨을까요? 비단이었을까요? 가죽이었을까요?" 제3대 조사가 원래 입던 옷은 전통적인 승복이 아닙니다. 그가 인도의 제3대 조사가 되기 전에 일상적으로 입던 옷이었습니다. 그가 교단에 들어온 후 그 일상복이 불교의 승복이 되었습니다. 승복은 우리의 이해를 뛰어넘는 물건입니다. 승복을 단순히 몸에 걸치는 옷으로 이해한다면, 완벽하게 이해하지 못한 셈입니다.

승복을 지을 때는 호흡에 집중하는 만큼 실 한 땀 한 땀에 집중해야 합니다. '집중'이라 부르지만 사실 중요한 이야기는 아닙니다. 정말로 중요한 것은 자신이 하는 일과 하나가 되고, 자신의 수행과 하나가 되는 것입니다. 수행을 하는 동안에는 반드시 한 땀 한 땀에 집중하려고 노력해야 합니다. 그러면 언젠가는 그 의미를 깨닫게 될 것입니다.

도겐 선사는 언제나 승복을 입어야 한다고 강조합니다. 특별한 옷을 입어야 하는 게 아닙니다. 그건 잘못된 생각이지요. 마치 제3대 조사의 승복처럼 우리와 항상 함께하는 옷이어야 합니다. 그는 승복을 입고 태어났고, 따라서 그 옷을 벗을 수가 없었습니다. 그의 피부가 이미 승복이었습니다.

어떤 마음을
키울 것인가요

일상에서 여러분은 자기 자신에 대한 생각을 키우나요,
아니면 불심을 키우나요?

무엇을 하든 수행이 될 수 있습니다. 차를 마시고, 밥을 먹고, 잠을 자고, 걷거나 앉는 것 모두 그렇습니다. 그러나 이런 것들을 어떻게 이해하는지가 아주 중요하지요. 핵심을 놓쳐버리면 아무리 여러분이 올바르게 수행하고 있는 듯 보일지라도 효과가 없게 됩니다. 아주 중요한 이야기이죠. 여러분은 자기 자신을 위해서, 진리를 위해서, 아니면 부처나 다른 이들을 위해서 활동하고 있는지 보아야 합니다.

바구니 안에 가득 담긴 과일을 상상해봅시다. 상태가 가장 안 좋은 과일을 가장 먼저 먹는 게 제 방식입니다. 왜 가장 좋은 과일을 먼저 먹나요? 가장 좋은 과일을 가장 먼저 먹을 때, 여러분은 좋은 과일을 그리 좋지 못한 과일들과 차별하면서 자신을 우선으로 생각하는 겁니다. 과일을 먹는 사람이 한 명이라면 아무 문제도 없습니다. 그러나 여러 사람이 한 바구니에 담긴 과일을 먹는다면, 곤란함에 처하게 될 것입니다. 상태가 가장 안 좋은 과일을 먼저 먹으면 여러 사람과 먹을 때조차도 아무런 문제가 발생하지 않습니다. 나쁜 것을 먼저 먹는다는 태도는 무차별적입니다. 이를 차별적이라고 말하는 사람도 있겠지만, 자기중심적인 태도가 관여하지 않기 때문에 무차별적이지요.

일상에서 여러분은 자기 자신에 대한 마음을 키우나요, 아니면 불심을 키우나요? 우리는 언제나 불심을 우선으로 두고 자기를 나중으로 두어야 합니다. 언제나 불심을 따라야 합니다. 불심을 따르기 위해서는 불심이 무엇인지 깨달을 필요가 있습니다. 불심을 깨닫기 위해서는 좌선 수행을 해야 합니다. 이를 통해 여러분은 직감적으로 불심이 무엇인지 알게 됩니다. 이기적인 생각이나 편협한 마음이 줄어들 테니까요. 좌선 수행을 계속하면서 여러분은 직관적으로 불심을 알아가는 데에 익숙해질 것입니다. 수행을 거듭할수록 소자아는 작아집니다. 그러면 대자아가 소자아를 집어삼키게 됩니다.

자기중심적인 수행은 불교 수행이 아닙니다. 불교의 수행은 자기중심적인 면을 줄이고 불심을 키워줍니다. 수행의 핵심은 첫 번째 원칙을 우선으로 하고 두 번째 원칙을 그다음으로 두며, 대자아를 우선으로 하고 소자아를 그다음으로 두는 것입니다. 언제나 대자아를 확장하려 애써야 합니다.

재가자在家者이든, 승려이든 자기중심적으로 수행해서는 안 됩니다. 어쩌면 재가자보다도 승려들이 매우 이기적일 수도 있습니다. 물질만능주의적인 관점에서 승려들은 보통 아주 청빈하고 매우 이타적인 삶을 사는 듯 보입니다. 그러나 영적인 관점에서 승려들은 이기적입니다. 제가 경전만 들고 있어도 여러분은 제가 하는 말을 믿으니까요! 우리는 가르침에 집착하며 부처나 도겐 선사가 한 말은 다 옳다고 생각합니다. 아주 오만한 방식입니다.

어떤 사람은 이렇게 말하겠지요. "나는 몰라. 무엇이 진실인지, 아니면 뭘 해야 할지 모르겠어." 이들은 아주 정직합니다. 그러나 일부 승려들은 그다지 정직하지 못해요. 이들은 자신들이 많은 걸 알고 있다 생각하지만 실제로는 아는 게 별로 없습니다. 실제로 그리 많이 알지 못해도 승려 역할을 맡을 수 있습니다. 이들은 저마다의 마음에 보석을 쌓아두고는 행복하게 헤아려보고 싶을지도 모릅니다. "내가 책을 얼마나 읽어왔더라? 얼마나 이해하고 있지?" 그저 가지고 있는 지식을 자랑하기 위해 그리도 열심히 공부한 거지요. 그렇기 때문에 영적인 관점에서 일부 승려들은 재가자들보다 더 자기중심적인 수행에 빠지게 됩니다.

승려와 재가자 모두에게 가장 중요한 핵심은 소심小心 대신 불심을 개발하는 것입니다. 소자아가 무엇이고 대자아가 무엇인지 아는 것은 그리 어렵지 않습니다. 그 차이를 알게 되면 대자아를 개발하려고 열심히 노력해야 합니다. 그게 바로 우리의 수행입니다.

우리는 좌선의 경험에서 얻은 지식을 소화하고 일상 생활, 즉 우리가 말하는 방식, 우리가 만물을 대하는 방식, 우리가 사람들을 대하는 방식까지 온전히 닿을 수 있게 해야 합니다. 참선 수행의 규칙은 여러분이 음식을 먹고 경전을 암송하는 방식을 통해 일상에서 부처의 방식을 펼칠 수 있도록 만들어져야 합니다. 어렵더라도 이를 점점 더 소화해나가다 보면, 결국에는 여러분이 다른 사람들을 도우려고 애쓰지 않아도 사람들에게 도움이 될 것입니다.

이 단계에 접어들면 부처도 존재하지 않고, 재가자나 승려도 존재하지 않으며, 가르침도 존재하지 않습니다. 그렇게 되기 때문에 특별한 그 무엇도 존재하지 않습니다. 실제로 여러분은 항상 사람들과 하나가 되고, 친구와 하나가 되고, 부처와 하나가 됩니다.

가끔은 승려가 이렇게 말할지도 모릅니다. "부처는 없다. 부처를 죽여라." 무슨 뜻일까요? 부처와 완전히 하나가 되라는 의미입니다. 여러분에게는 더 이상 부처가 필요 없습니다. 여러분 자체가 부처이니까요. 수행을 통해 이를 이뤄낼 수 있습니다.

처음에는 불교가 무서울 수도 있습니다. 지켜야 할 계율도 많고, 따라야 할 규칙도 많고, 절을 해야 할 부처도 많아 보이기 때문이지요. 그러나 불교의 방식에 따라 수행하다 보면 여러분은 점점 더 부처가 되어가고, 또 다른 부처가 필요 없게 될 것입니다. 부처를 만날 때마다 자연스레 부처에게 절을 하면서 다른 것들을 좇지 않게 될 것입니다. 이는 숭배가 아니라 그저 부처에게 절을 하는 것뿐입니다. 저는 어렸을 때 절하는 걸 좋아하지 않았습니다. 하지만 스승님과 스님들은 부처에게 절을 하지요. 아주 피상적인 수행처럼 보일지 모르지만, 오랫동안 고행하고 난 후에는 다르게 보일 겁니다.

어떤 사람들은 참선 수행의 엄격한 격식을 싫어합니다. 왜 여러분이 전통적인 종교를 좋아하지 않는지 이해합니다. 저는 여러분이 어떻게 느끼는지를 잘 알고 있어요. 하지만 종교에 대한 여러분의 강력한 비판이 자기중심성에서 비롯된 것이라면, 여러분이 무엇을 말하고, 어떻게 이해하고, 어떻게 보는지를 좀 더 생각해봐야 합니다. 뭔가를 말하기 전에, 심지어 느끼기 전에 자기 자신을 되돌아보세요. 그것이 좌선입니다. 여러분의 마음은 아주 투명해서 있는 그대로 들여다볼 수 있습니다. 수행 없이는 무엇을 말해도 한쪽으로 치우친 시선, 자기중심적인 주장이나 기분이 생깁니다. 그러니 언제나 우리의 불심을 키우려 노력해야겠습니다.

진정한 차별

진정한 차별은 차별할 수 있는 것과 없는 것을 차별하고,
오직 차별할 수 있는 것만 차별하는 능력입니다.

중국의 제3대 조사는 이렇게 말했습니다. "첫 번째 원리인 무상도無上道는 어렵지 않습니다. 차별을 막기만 한다면, 무엇을 마주하든 그게 바로 무상도입니다."

도겐 선사에 따르면 많은 사람이 이 말의 의미가 '각 존재는 그 자체로 좋거나 나쁘지 않고, 본질적으로 옳고 그른 것은 없다. 그러니 사람은 그저 본성에 따라 직관적

으로 길을 택해야 한다'라고 생각한다고 합니다. 또한 무상도를 표현하기 위해서 원을 하나 그리고, 주먹을 내지르며, 지팡이로 바닥을 두드리고, 제자를 때리거나 고함을 지른다고 했습니다. 도겐 선사는 이런 식으로 이해하는 건 옳지 않다고 생각했습니다. 이 방식을 고수하는 자들은 여전히 악마의 동굴에서 살아가고 있지요.

도겐 선사는 《정법안장正法眼藏》에서 무상도에 대해 이렇게 말했습니다. "부처와 조사들은 이 무상도 덕에 나타났고, 오직 무상도만 지켰다. 달마대사를 위한 자리가 있었더라면 달마가 나타났으리라."

또한 "무상도는 마치 금시조金翅鳥와 같다"라고 덧붙이기도 했습니다. 금시조는 산스크리트어로 '가루다(힌두교 3대 신 중 하나인 비슈누가 타고 다니는 새 - 옮긴이)'라고 부르는 거대한 새로, 날개로 온 세상을 덮을 수 있다고 합니다. 이 새는 엄청나게 커서 바다 위로 날갯짓을 하면 해일이 일어나고 바다 밑바닥이 솟구칩니다. 바다 밑바닥이 솟구치면 가루다는 그곳에 숨은 용龍을 찾을 수 있습니다. 일부는 여전히 살아 있고 일부는 이미 해일 때문에 목숨을 잃었지요. 가루다는 이 모두를 보지만 오직 살아 있는 용만

잡아서 먹습니다. 아마도 세상에서 가장 안목 높은 동물일 겁니다.

도겐 선사는 가루다가 높은 통찰력과 안목을 지녔다는 점에서 무차별의 좋은 사례라 말합니다. 도겐 선사를 통해 우리는 엄격한 차별에 의한 무차별을 수행합니다. 무차별을 아우르는, 차별을 넘어선 차별을 수행합니다.

아마도 여러분은 생각하는 마음과 상상, 기분, 또는 감정적인 활동의 영역에서 차별할 겁니다. "옳거나 그르다" "좋거나 나쁘다" "동의하거나 동의하지 않는다" 아니면 "좋아하거나 좋아하지 않는다"고 말하면서 차별을 할 수 있습니다. 어떻게 해야 차별과 무차별을 넘어서는 무상도에 도달할 수 있을까요? 그것이 바로 도겐 선사가 강조하는 부분입니다.

도겐 선사가 가루다에 대해 말할 때 그는 지금 당장 우리의 수행에 관해 말하고 있는 겁니다. 그는 우리에게 아주 정확하고 엄격하게 수행을 가르칩니다. 이 커다란 새보다도 더 엄격하고 구체적인 가르침이지요. 도겐 선사는 진짜가 아니면 잡지 않습니다. 올바른 수행이 아니라면 수행하지 않는다는 뜻이지요. 그는 오직 자신이 본 것이 옳을 때만 수행합니다.

도겐 선사의 말은 흔히 그러듯이 역설적으로 이야기하는 것이 아닙니다. 그는 정확하게 요점을 찌르고 있으며, 일상 속의 수행에 온 노력을 쏟습니다. 그는 그 무엇도 무시하지 않습니다. 우리가 이 수행을 믿고 따르는 이유가 여기에 있습니다. 이 수행을 따라 한다면 우리도 안목을 가지고 그 무엇도 무시하지 않는 능력을 얻을 것입니다.

진정한 차별이란, 차별할 수 있는 건 차별한다는 것을 의미합니다. 다시 말해, 진정한 차별은 차별할 수 있는 것과 없는 것을 차별하고, 오직 차별할 수 있는 것만 차별하는 능력입니다. 일단 이런 방식으로 차별할 수 있게 되면, 도겐 선사처럼 안목 높은 스승들이 확립한 무차별의 수행도 함께 해야 합니다. 만약 내세라는 게 있다면, 여러분은 무차별의 수행에 정진하며 이번 생과 다음 생을 보내야 할 것입니다.

모든 날이 좋은 날

선과 악, 길고 짧음의 개념을 무시할 수는 없습니다. 그러나 나이가 들수록 사물을 있는 그대로 인정할 수 있어야 합니다.

이런 선시가 있습니다.

바람이 멈출 때, 꽃은 떨어진다.
새가 노래할 때, 산은 더 고요해진다.

바람이 멈추더라도 여전히 꽃은 떨어집니다. 바람이

없으면 꽃은 가만히 있어야 하겠지만, 바람이 없어도 여전히 꽃이 떨어집니다. 새가 노래하면 조용하거나 고요하지 않지만, 머나먼 산에서 새가 우는 소리를 들으면 산의 고요함이 더 크게 다가옵니다.

이 시는 '유有'와 '무無'의 감정을 표현합니다. 존재하거나 가끔은 존재하지 않고, 존재하지 않을 때 가끔은 존재합니다. 꽃이 떨어질 때는 바람이 존재하기 때문이지만, 바람이 존재하지 않아도 여전히 꽃은 떨어집니다. 꽃이 떨어지는 모습을 보면 여러분은 바람이 불 때보다 바람의 존재를 더 크게 느낍니다. 새가 노래할 때 여러분은 아무 소리도 들리지 않을 때보다 산속의 고요함을 느낍니다.

이것이 진정한 '유'와 '무'의 감정입니다. 그러나 보통 우리는 '있다'와 '없다'의 피상적인 개념에 빠져 있지요. 우리 생각으로는 '없다'는 것은 바람이 없다는 의미고, '소리가 없다'는 아무 소리도 듣지 못한다는 의미입니다. 그러나 시에서 얘기하듯, 실제 느낌은 그렇지 않습니다. 역설적으로 들리겠지만, 우리의 실제 감정은 일반적인 '유'와 '무'의 이해보다 훨씬 더 진실됩니다. 이를 단순히 시라 말할 수 없습니다. 현실이 그렇기 때문입니다.

또한, 더 많이 먹을수록 더 배가 고파지는 것도 진실입니다. '있다'는 '없다'를 의미합니다. '없다'는 실제로 '있다'를 의미합니다. 음식이 많지 않을 때는 무엇을 먹든 만족스럽습니다. 먹을 것이 그리 풍족하지 않을 때는 가진 것에 실제로 만족감을 느낍니다. '없다'는 '있다'이고 정말로 '있다'라는 느낌은 '그리 많지 않을' 때 찾아옵니다.

시가 표현하는 이 느낌, 가끔은 없을 때 있다는 느낌은 우리가 일상에서 겪게 되는 실제 느낌입니다. 그저 논리적으로만 생각하면 이 실제 느낌을 무시하게 됩니다. 그 누구도 실제 느낌이 옳은지, 논리가 옳은지 알 수 없지만, 두 가지 모두 진실입니다. 이것이 바로 지금 우리가 생각해봐야 할 내용입니다.

운문雲門 선사는 어느 날 제자들에게 이렇게 말했습니다. "나는 보름 전의 일을 묻지 않는다네. 그러니 보름 후의 일은 어떻겠는가?"

그것이 그의 질문이었습니다. "나는 그대들에게 보름 전에 무슨 일이 있었는지, 아니면 지난 보름 동안 무슨 일이 있었는지 묻지 않는다네. 바로 지금부터 일어날 일을 묻고 있는 게야."

그 누구도 이 질문에 답하지 못했기에 운문이 말했습니다. "모든 날이 좋은 날이다."

이것이 운문 선사의 대답이었습니다. 보름 동안 좋은 나날이 이어졌고, 이제부터 또 좋은 나날이 이어질 것이니, 날마다 좋은 날입니다.

"모든 날이 좋은 날"은 그가 실제로 살아가는 매일이 '유'와 '무'를 포함하며, 그가 '있다'의 개념과 '없다'의 개념에 만족한다는 의미입니다. 뭔가가 있어도 좋고, 아무것도 없어도 좋습니다. 그에게 '있다'는 그저 아무것도 없다는 의미가 아니며, 또한 실제로 뭔가가 있다는 의미입니다. 그리고 그에게 '아무것도 없다'는 '뭔가가 있다'이기도 합니다. 그에게 '있다'가 가끔 '없다'를 의미할 때도 마찬가지입니다.

어쨌든 그에게는 매일이 좋은 날입니다. 있는지 없는지는 중요치 않습니다. '있다'도 좋고 '없다'도 좋습니다. 하루하루가 좋은 날이기 때문입니다. '있다'와 '없다'를 정확하게 이해할 때, 모든 것으로부터 완벽하게 자유로워질 수 있으며 진정한 의미에서 존재를 인정할 수 있습니다.

바람이 불지 않아도 어떤 꽃들은 여전히 떨어집니다. 아마도 동백꽃이 그럴 겁니다. 깊은 산속에서 새소리를 들을 때, 여러분은 갑자기 산이 얼마나 고요했는지 느낄 겁니다. 날마다 좋은 날입니다.

운문 선사에게 무슨 일이 일어났든 간에 그건 그저 어떤 일이 생긴 것도, 생기지 않은 것도 아닙니다. 혹자는 "아무 일도 벌어지지 않았다"라고 말하겠지만, 많은 일이 벌어지고 있습니다. 어떤 일이 벌어졌을 때 여러분은 아무것도 느끼지 못할 수 있습니다. 아무것도 없는 느낌은 해와 달, 그리고 골짜기에서 보이는 밝은 별이 빛나는 광활한 우주에서 생겨납니다. 수많은 별을 바라보며 여러분은 하늘이 완전히 텅 비어 있다고 느낍니다. 그저 별을 바라보기만 하는 게 아니라, 실제로 하늘의 광활함을 느낍니다.

간단하게 말해, 여러분이 항상 유와 무 또는 충분과 부족, 선과 악, 옳음과 그름의 삶을 살고 있다면, 진정한 의미에서 아무것도 느낄 수 없습니다. 그러나 여러분의 마음이 아주 고요할 때, 마음이 고요함 그 자체일 때, 그때는 아무리 많은 것들이 눈에 보여도 여러분은 눈에 보이는 존재들의 방대함을 인정할 수 있습니다. 그러고 나면 사물을 '있는 그대로' 인정할 수 있습니다. 이것이 운문의 가르침입니다.

저는 가끔 부처의 가르침에 대한 지적인 틀을 강조합니다. 그러나 더 중요한 것은 수행이 주는 진짜 느낌을 누리는 것입니다.

우리는 매일 좌선 수행을 합니다. 여름이면 아침에 앉아 있는 게 참 좋지만, 저녁에 앉아 있는 것도 좋습니다. 물론 좀 덥긴 하겠지만요. 더워도 좌선을 끝낸 후에는 바깥으로부터 시원한 바람이 불어오는 걸 느낄 수 있고, 말로 다 표현할 수 없는 수행의 느낌을 느낄 겁니다. 여름 저녁의 좌선은 몹시 더울 거예요. 날씨가 더우니까요! 그러나 무더운 날 좌선을 하며 실제로 느끼는 감정은 형언할 수 없이 좋은 느낌이고, 봄이나 가을에는 미처 누리지 못할 수 있습니다. 시원한 느낌은 여러분의 머릿속에서 벌어지는 생각이라기보다는 실제로 느끼는 느낌일 겁니다. 저녁 좌선이 얼마나 좋은지 이미 알고 있더라도 앉아 있을 때마다 '와, 좋다!'라고 느낄 겁니다. 좌선을 할 때마다 여러분은 상쾌함을 느낄 겁니다. 날씨가 더우니까요. '덥다'는 실제로 '덥다'가 아닙니다.

소박한 식사를 할 때 여러분은 채소의 진짜 맛을 느낄 겁니다. 설탕을 넣거나 양념을 너무 많이 넣을 때 음식의 진정한 맛을 감상할 수 없습니다. 단순한 방식으로 만물을 받아들일 때 그 진가를 더욱 크게 느끼게 됩니다. 그러니 우리는 "음식을 음미할 수 있다면 불법을 음미할 수 있다"라고 말합니다. 음식이라는 절대적인 존재의 진정한 가치를 알아볼 수 있다면, 불법을 알아볼 수 있습니다. 여러분이 이 경지에 오른다면, 훌륭한 선 수행자라 할 수 있겠습니다.

어떤 사람들은 키가 큰 부처입니다. 저 같은 사람들은 키 작은 부처이고요. 크든 작든, 착하든 나쁘든, 우리는 사물을 '있는 그대로' 인정할 수 있습니다. 그리고 각 존재의 가치를 알아볼 수 있지요.

선과 악, 길고 짧음의 개념을 무시할 수는 없습니다. 그러나 나이가 들수록 사물을 있는 그대로 인정할 수 있어야 합니다. 대나무도 좋고, 소나무도 좋고, 참나무도 좋고, 풀도 좋고, 밤의 어둠도 좋으며 개구리도 좋습니다. 만물이 좋아야만 합니다. 그것이 '모든 날이 좋은 날' 입니다. 또한 '없음'도 좋습니다. 벌거벗은 맨땅도 좋고 어두운 밤하늘도 좋습니다. 우리는 이 실제의 감정에 도달해야 합니다.

3장

더욱 깊게 들어가며

진정한 나가 되는 것은 우리 수행의 목적이자
부처의 계율을 지키는 방법입니다.

윤리는 우리의 본성입니다

개별적인 계율을 하나하나 강조하는 대신 우리는 본래의 인간성 혹은 불성을 더욱 강조해야 합니다.

저는 불교의 계율이나 윤리 원칙을 전통적인 방식으로 설명하지 않으려 합니다. 여러분이 이해하는 데 도움이 되는 방식으로 이야기하자면, 계율은 모두가 저마다 천성으로 가지고 있는 것이고, 부처님이 정해주는 게 아닙니다. 계율은 부처를 부처로 만들어줍니다. 계율이 먼저고, 그다음이 부처였습니다. 즉, 부처가 나타나기 전에 이미 계율이 존재했던 것입니다. 달마대사가 찾아오기 전에 이미 중국에는 계율이 있었지요. 누군가가 이 세상에 나타나기 전에 이미 계율이 있었습니다. 모든 사람이 진정한 의미에서 이 원리를 품고 있습니다.

우리는 삶의 방식이 서로 다른 만큼 계율을 다르게 해석합니다. 그러나 본래 윤리 원칙은 그저 인간의 본성일 뿐입니다. 우리는 계율을 전파할 때 여기에 방점을 둡니다. 250가지 계율 하나하나가 아니라, 모든 사람이 접근할 수 있고 수용할 수 있는 본질적이고 보편적인 점을 강조한다는 의미지요. 개별적인 계율을 하나하나 강조하는 대신 우리는 본래의 인간성 혹은 불성을 더욱 강조해야 합니다.

우리는 계율을 전파하는 데에 있어 여러 삶의 방식과 해석을 넘어 본래의 인간성이 무엇인지를 밝히고 각 계율이 이런 본성에 어떻게 연결되어 있는지를 이해하려 합니다.

오카 소탄丘宗潭 노사가 어린 소년이었던 시절, 스승 도켄 미테쓰 노사는 그에게 식사 준비에 필요한 두부를 사오라고 시켰습니다. 가게 가는 길에 그는 곡예극을 광고 하는 벽보를 보았지요. 그리고 시간 가는 줄도 모르고 오래도록 벽보를 들여다보다 그만 절에서 울리는 점심 종소리를 듣고 말았습니다. 이미 두부를 사서 돌아갔어야 할 시간이 지났으니 오카 노사는 가게까지 서둘러 뛰어야 했습니다.

"두부 주세요!" 그는 가게 주인에게 소리쳤습니다. 주인이 두부를 건네주자마자 그는 다시 절로 쏜살같이 뛰어갔습니다. 그러다가 모자를 가게에 두고 온 것을 깨달았고, 가게로 되돌아가 소리쳤습니다. "주세요! 주세요! 주세요!"

가게 주인이 물었습니다. "뭘 달란 얘기니?"

"주세요!" 소년은 똑같이 말했습니다. 마음이 너무 급한 나머지 '모자'라는 말이 입에서 떨어지지 않았고, 그가 할 수 있는 말은 "주세요! 주세요! 주세요!"가 전부였습니다.

가게 주인이 말했습니다. "뭘 달라고? 뭘? 뭘?"

마침내 소년은 "제 모자요!"라고 말할 수 있었습니다.

"무슨 일이니? 모자는 네가 쥐고 있잖니!" 주인이 말했습니다.

그래서 소년은 모자를 머리에 눌러쓴 채 도로 절까지 서둘러 뛰었습니다.

이런 이야기입니다.

계율은 소년의 모자와 같습니다. 계율은 언제나 모자처럼 소년의 머리 위에 자리하고 있지요. 그가 언제나 모자를 쓰고 있으면 생각해야 할 게 아무것도 없습니다. 그게 바로 우리가 실제로 계율을 지켜야 하는 방식이지요.

오카 노사가 꼬마 시절 웃기는 일을 저지르긴 했지만, 그는 아주 훌륭한 선사였습니다. 그가 절로 돌아왔을 때, 식사를 기다리던 승려들에게 분명 꾸중을 들었을 겁니다. 꾸중을 들었을망정, 그는 착한 아이였습니다. 이 점에 대해서는 의문의 여지도 없답니다. 그가 선의 윤리 원칙을 지키지 않았다고는 할 수 없습니다. 그는 충실하게 계율을 지켰고, 언제나 모자를 머리에 썼습니다. 오카 노사는 가끔 모자를 썼다는 사실을 잊었지만, 그뿐입니다.

진정한 나가 되기

계율을 모두 지키더라도 완성된 사람이 되지는 못할 겁니다. 계율을 지킬 수 있는 가장 좋은 방법은 그저 자기 자신이 되는 것입니다. 그러면 계율은 항상 여러분과 함께 할 것입니다.

'윤리적 계율'이라고 할 때 여러분은 아마도 십계명이나 중대한 금계禁戒를 떠올릴지도 모릅니다만, 선종의 계율은 그렇지 않습니다. 우선 '선종의 계율'이란 말은 좌선을 의미합니다. 계율은 바로 좌선의 해석입니다.

우리는 계율의 단어를 사용해 선이 실제로 무엇인지를 설명합니다. 수계受戒, 즉 계율을 받는 것은 단순히 우리가 무엇을 해야 하고 하지 말아야 하는지 기억하기 위해서가 아닙니다. 오히려 우리는 선을 수행하고 그 수행을 일상까지 확장하는 방법을 통해 계율을 따릅니다. 이런 방식에서 우리는 일반적인 개념과는 전혀 다르게 윤리적 계율을 이해합니다.

계율은 언제나 우리와 함께하는 현실을 이해하는 여러 가지 방식입니다. 그 현실은 세 가지나 여섯 가지, 혹은 열 가지로 쪼개질 수 없지요. 우리는 실험 삼아 하나의 현실을 나누고 세 가지, 열 가지, 혹은 열여섯 가지의 계율을 사용해 다양한 관점에서 이를 설명하기도 합니다.

그러나 그건 그저 말일 뿐이지요. 진짜 계율은 말을 뛰어넘고, 우리는 그것을 논할 수 없습니다. 그것을 논할 때 이미 더는 계율이 아니기 때문입니다. 계율의 의미가 그저 여러 규칙을 지키는 것이라 생각한다면, 진짜 계율을 전혀 이해하지 못한 것입니다.

세 가지나 열여섯 가지로 나눌 수 없는 이 하나의 현실이 우리가 지키는 첫 번째 계율입니다. 즉, 하나의 현실과 공, 또는 절대성의 계율입니다. 모든 계율은 이 계율에서 시작됩니다. 이 계율을 이해하지 못하고는 '열여섯 가지 계율'은 전혀 의미가 통하지 않습니다.

따라서 계율을 따르기 위해 그저 좌선을 수행해야 합니다. 진정한 나가 되기 위해서는 그저 계율을 따르면 됩니다.

제가 추상적인 이야기를 하는 것처럼 들릴 수도 있겠지만, 그렇지 않습니다. 저는 여러분 한 명 한 명과 저 자신에 대해, 만물에 대해, 그리고 물건에 대해 말하고 있습니다. 물건이 정말 물건일 때, 이 물건은 만물을 아우릅니다.

여러분이 방석 위에서 좌선 수행을 할 때, 그 수행은 만물을 아우르며, 부처와 조상, 모든 유정물有情物과 함께 좌선하는 겁니다. 제가 항상 강조하고, 또 강조하는 것이 이 점입니다. 여러분의 수행이 좋고 나쁘고는 중요치 않습니다. 수행을 자기 것으로 받아들일 때, 그 수행은 만물을 아우릅니다. 그 순간 여러분은 만물을 아우르는 계율을 갖게 됩니다. 절대적인 존재가 만물을 아우르듯이요.

우리는 절대성이 만물을 아우르는 것이라 말하지만, 실제로는 그보다 더 깊습니다. 우리가 이해할 수 있는 게 아닙니다. 어쩌면 삼라만상을 모두 더하면 그게 절대성이라 생각할 수도 있습니다. 그러나 그렇지 않습니다. 절대성은 우리 마음으로 이해할 수 있는 게 아니기 때문입니다. 여러분이 이해한 것은 이미 절대적이지 못합니다. 마음이 절대성에 대한 진정한 이해를 가로막기 때문입니다. 이해하지 못할 때 여러분은 묵묵히 자리에 앉아 돌이나 물건이 됩니다. 그리고 그렇게 만물을 아우릅니다. 이것이 우리의 '앉기'입니다.

이 핵심을 놓치면 어떤 잘못된 생각이나 경험에 쉽사리 걸려들 것입니다. "나는 수행을 아주 잘하고 있어. 최근에 좌선하는 부처를 보았지! 모든 부처가 내게 와서, 내 수행을 칭송할 거야." 웃기게 들리겠지만, 어떤 사람들은 이런 식의 수행을 아주 진지하게 해냅니다. 그저 앉는 것은 이 세상 모든 부처를 만나는 것보다 훨씬 낫습니다. 왜 그런지 아시나요? 핵심은 진정한 나가 되기 위해 어떤 수행이 중요한지 아는 것입니다.

작가이자 수행자인 앨런 와츠가 쓴 책을 이해할 만큼 제가 영어를 잘하지 못했을 때, 그는 이렇게 핵심을 요약해주었습니다. "돌이 완전히 돌일 때, 그게 진짜 돌입니다." 와츠는 참선을 이렇게 한 문장으로 표현했습니다.

돌이 완전히 돌일 때, 다시 말해 돌이 하나부터 열까지 다 완전히 돌일 때, 그건 진짜 돌입니다. 정말로 돌일 뿐 아니라, 진짜 돌일 때 그 돌은 만물을 아우릅니다. 돌이 정말 돌일 때 아무도 그 돌을 주울 수 없습니다. 돌이 아니면 누군가가 줍겠지만, 정말로 돌일 때는 그럴 수 없습니다. 누구도 그 돌로 뭔가를 할 수 없습니다. 돌이 정말 돌일 때는 여러분이 아무리 그 돌을 줍고 있다 생각하더라도 그럴 수 없습니다. 그 돌은 세상의 일부이고, 여러분은 세상 전체를 주울 수 없습니다. 돌을 줍거나 온 세상을 줍기 위해서 여러분은 세상 바깥에 존재해야 합니다. 그러면 그건 유령이죠. 세상 밖에 존재할 수 있는 건 아무것도 없습니다. 모든 존재는 세상 안에 있습니다. 여러분이 돌 하나를 줍는다고 생각하는 것은 큰 착각입니다.

계율을 받기 위해서는 이 핵심을 이해하고 좌선을 수행해야 합니다. 그것이 완벽한 계율을 따르는 유일한 방법입니다. 그 외에는 계율을 따를 방법이 없습니다.

우리는 250가지의 계율을 설명하는 데에는 관심이 없습니다. 중요한 것은 이 계율들을 하나하나 따르는 게 아니기 때문입니다. 핵심은 어떻게 해야 진정한 나가 되는지를 배우는 것입니다. 돌이 완전히 돌이 되는 방식으로 내가 되는 방식을 배워야 하는 거지요. 여러분이 그저 한 명의 사람이라면 완전한 계율을 가지게 되겠지요. 여러 계율을 모두 지키더라도 완성된 사람이 되지는 못할 겁니다. 계율을 지킬 수 있는 가장 좋은 방법은 그저 자기 자신이 되는 것입니다. 그러면 계율은 항상 여러분과 함께할 것입니다.

다시 말해, 진정한 나가 되는 것이 우리 수행의 목적이자 부처의 계율을 지키는 방법입니다.

도덕규범을 넘어

"하는 게 좋겠다"라고 말할 때는 도덕규범의 영역 안에 있는 거지요. '그렇게 하지 않을 수 없다'나 '해야만 한다' 또는 '하고 싶다'라고 느끼며 계율을 따를 때, 우리는 규범을 종교적으로 이해한 거랍니다.

'살인하지 말라' '도둑질하지 말라' 같은 계율은 딱히 특별해 보이지는 않습니다. 거의 모두에게 상당히 평범하고 친숙하지요. 그러면서도 꽤 지키기 어려운 걸로 유명합니다! 꽤 간단하지만 따르기는 꽤 어렵지요.

정신적으로 특별한 뭔가를 달성하려고 계율을 지키는 게 아닙니다. 선한 시민이 되기 위해 따르지요. 현자나 성인이 될 필요는 없습니다. 선한 시민이 될 수 있다면 그걸로도 충분하지요! 우리가 선한 시민이 될 수 있다면 더 이상 이 세상에 전쟁은 없을 거라 생각합니다. 너무 선하면 싸워야겠지만, 적당히 선하고 평범한 시민이라면 싸울 필요가 없을 겁니다. 아주 중요한 이야기입니다. 우리의 계율은 아주 평범해야 합니다.

계율은 인간 사이의 관습이라고 이해할 수 있습니다. 가끔은 불문율이고 가끔은 명령이나 법률이기도 합니다. 계율은 지키기 어렵기 때문에, 법으로 만들어지는 경우도 있습니다. 문제는 그것을 그저 법으로만 이해할 때입니다. 그러면 우리는 그 법을 어길 방법을 찾을 수 있다고 생각할지도 모르기 때문입니다. 변호사가 법을 어겨도 된다고 말하면, 어기면 됩니다. 얼마나 편한가요!

또 다른 면에서 계율은 도덕규범으로 이해하는 게 흔합니다. 도덕성은 계율의 부정적인 느낌을 강조합니다. '하는 게 좋겠다, 하지 않는 게 좋겠다'라는 식이지요. 하지만 인간의 규범을 이렇게 이해하는 것은 적절하지 않습니다. 그렇게 되면 우리에겐 자유가 없으니까요.

종교적 영역은 법이나 도덕과는 다릅니다. 우리는 종

교적 영역에서의 계율을 '하는 게 좋겠다'가 아니라 '해야만 한다'거나 '하고 싶다'로 느낍니다. "하는 게 좋다"라고 말할 때는 도덕규범의 영역 안에 있는 거지요. '그렇게 하지 않을 수 없다'나 '해야만 한다' 또는 '하고 싶다'라고 느끼며 계율을 따를 때, 우리는 규범을 종교적으로 이해한 거랍니다.

이 영역에서 우리는 자유를 누리지만 믿음이 필요하지요. 종교적 믿음이 없다면, 가장 내밀한 곳에 있는 요구를 찾아내지 못하면 이런 자유를 얻을 수 없습니다. 우리는 가장 사적인 본성이나 불성을 찾았을 때, 자연스레 부정적인 의미에서의 계율(잘못된 일은 하고 싶지 않아)과 긍정적인 의미에서의 계율(좋은 일을 하고 싶어)을 모두 이해할 수 있게 됩니다. 그렇기에 우리에겐 계율이 필요하지요.

계율은 인간이나 국가 간의 법이나 계약과는 다릅니다. 계율은 부처와 유정물 사이의 관계에 관한 계약입니다. 우리가 계율을 이런 식으로 이해할 때 그 계율을 어길 수가 없습니다. 우리는 계율을 지키고 싶기 때문입니다. 계율을 지키고 싶을 때 이를 어길 가능성은 없습니다.

종교적 영역에서 계율은 도덕규범이나 법률이 미치지 못하는 행동까지 관여합니다. 종교는 그런 것들보다 더 깊숙이 들어가니까요. 종교는 여러분의 특정한 품행이나 행동뿐 아니라 어떻게 웃고 눈을 감고 뜨는지에까지 영향을 미칩니다. 너른 영향을 미쳐야 하지요. 종교는 법이나 규칙보다 더 깊고 실질적입니다.

종교는 매우 깊숙이 영향을 미치지만, 규칙이나 법을 이해하듯 종교를 이해하면 아주 사악해집니다. 끔찍해지지요. 종교적인 관습을 그런 식으로 바라보면 믿음과 자유를 잃게 되고, 종교는 여러분에게 최악의 것이 되고 맙니다. 종교를 믿는다면 이를 진심에서 우러나와 믿어야 합니다. 그렇지 않으면 도저히 종교를 따르거나 믿을 수 없게 되지요. 종교적인 믿음을 가질 때 우리는 온전한 자유를 누릴 수 있습니다.

"그렇게 하겠습니다!"

"살생하지 않겠다"라고 말하는 그 순간 충분합니다. "나는 영원히 맹세를 지키고 계율을 따라야 해"라고 생각할 필요가 없습니다.

깨달음을 얻기 위해 계율을 지키는 일은 계율의 진정한 목적이 아닙니다. 우리는 부처의 정신을 실현하기 위해 계율을 지키고 맹세를 합니다.

사홍서원四弘誓願(대승불교에서 보살이 맹세하는 네 가지 중요한 서원 - 옮긴이)에서 우리는 이렇게 말합니다. "중생은 수없이 많으나, 모두를 구제하겠습니다." 우리는 이렇게 맹세하지만, 중생이 수없이 많으면 어찌 그들을 모두 구할 수 있을까요? 계율을 지키는 것도 마찬가지입니다.

예를 들어, 우리는 살생해서는 안 됩니다. 아무 이유 없이 목숨을 앗아가서는 안 됩니다. 그러나 '아무 이유 없이'는 군더더기입니다. 그저 "살생하지 말라"라고만 말하면 됩니다. 그걸로 충분하지요. 계율을 더 평범하고 세속적으로 이해하는 함정에 빠지면 '아무 이유 없이'가 붙습니다. 이대로라면 어떤 이유가 있을 때는 살생할 수 있다는 의미입니다. 그렇게 말함으로써 살생하는 핑계를 만들어내고 있는 겁니다. 여러분은 이런 식의 핑계를 댈 수밖에 없습니다. 계율을 지키고 맹세를 하는 목적은 깨달음을 얻기 위해서라고 생각하기 때문입니다. 자신이 살생을 한다면, 혹은 계율이나 맹세를 지키지 않으면 불교도가 될 수 없고 깨달음을 얻을 수 없다고 생각하는 것이죠.

그러나 계율을 지키는 목적이 불심을 키우기 위해서임을 이해하면, "살생하지 않겠다"라고 말하는 그 순간 충분합니다. '나는 영원히 맹세를 지키고 계율을 따라야 해'라고 생각할 필요가 없습니다. 실제로 우리는 다음 순간 무슨 짓을 하고 있을지 알 수 없지요! 미래를 알거나 확신하기란 아주 어려운 일이니까요. 그러나 그렇다 하더라도 바로 지금 우리는 "살생하지 않을 거야!"라고 말할 수 있습니다. 불심을 키우기에는 그것으로 충분하지요. 모든 중생을 구하는 게 불가능할지라도, 매 순간 "나는 모든 중생을 구제하겠어"라고 말한다면 불심을 갖출 수 있습니다.

불교도로서 우리는 매 순간 맹세를 합니다. 그게 가능할지 아닐지를 생각할 필요는 없습니다. 가능성을 계산해가며 맹세하거나 계율을 지키는 것은 이미 불교도의 방식이 아닙니다. "그렇게 하는 게 좋겠어"나 "하지 않는 게 좋겠어"라는 피상적인 관행에 빠지게 되기 때문입니다. "맹세하는 게 좋겠어"나 "맹세하지 않는 게 좋겠어"가 되지요.

"중생은 수없이 많으나, 모두를 구제하겠다"라는 말은 매 순간 끊임없이 중생들을 구제하겠다고 맹세한다는 의미가 됩니다. 그러나 '매 순간 끊임없이'는 불필요합니다. '구제하겠다고 맹세한다'로 충분히 강력하고 좋습니다. 중생은 수없이 많기에 우리는 수없이 맹세할 것이고, 그게 전부입니다. 이런 식으로 우리의 감정은 사뭇 다른 수준이 됩니다. 우리는 불교의 방식을 영원히 실천한다고 느낍니다. 중생이 수없이 많다는 것은 우리의 수행이 영원히 계속되리라는 의미입니다.

"번뇌는 끝나지 않지만 끊어내겠습니다." 계율을 지키는 목적이 우리의 욕망을 없애려는 것이라면, 이 맹세는 불가능합니다. 또한 모순이기도 하지요. 그러나 맹세의 목적이 불심을 키우려는 것이라면 말이 됩니다. '끝나지 않는다'는 말은 우리가 수행을 영원히 계속할 수 있다고 격려해줍니다. 우리의 수행이 계속 이어지리라는 단단한 자신감을 가질 수 있고, 이 맹세로부터 영원히 용기를 얻게 됩니다.

"법문은 더없이 많으나 빠짐없이 배우겠습니다." 더없이 많은 법문이 있기 때문에 우리의 맹세도 영원히 계속될 수 있으며, 우리는 더없이 많은 법문을 믿을 수 있습니다.

"부처님의 도는 더없이 높으나 반드시 이루겠습니다." 이 맹세에 있어서도 똑같은 의미가 적용됩니다. 우리는 이런 방식으로 맹세를 하고 계율을 지켜야 합니다.

여러분은 저에게 계율을 받으면서 "그렇게 하겠습니다"라고 말할 겁니다. 이건 약속이라 할 수도 없습니다. "그렇게 하겠습니다"라고 말할 때, 그게 여러분이 계율을 지키는 방식입니다. 그걸로 충분합니다.

계율을 지키는 올바른 정신은 그 계율을 지킬 수 있을지 없을지를 확신하지 않는 겁니다. "앞으로 지킬 겁니다"라고 말하는 건 그다지 양심적이지 않습니다. 그런 식으로 계율을 받는다면, 여러분은 부처가 생각하는 진정한 의미대로 계율을 받는 것이 아닙니다. 그 대신 "네, 그렇게 하겠습니다!"라고 말해야 합니다. 그것이 부처가 바라는 말입니다. 그게 전부입니다. 다음 순간, 또는 다음 날 그 계율을 지킬 수 있는지는 핵심이 아닙니다. 이해가 가나요? 수계는 전혀 어려운 일이 아닙니다.

계율을 받는, 또는 내리는 일은 그 순간 불심을 일으킵니다. 이는 문자 그대로 계율을 지키느냐의 문제가 아닙니다. 불성과 불심을 갖추며 우리는 이렇게 말합니다. "그렇게 하겠습니다!" 그걸로 충분합니다.

'내가 할 수 있을지 없을지 모르니까 그렇게 말하지 않겠어'라고 생각한다면, 이는 오만이자 불교도의 적입니다. 이건 "양심 없는 사람들은 '나는 계율을 지킬 거야'라고 말하겠지만, 나처럼 양심적인 사람들은 '나는 지킬 거야'라고 말하지 않지"라고 생각하는 거니까요. 아시겠지요? 아주 오만한 생각입니다. "그렇게 하겠습니다!"라고 말하는 것은 오만하지 않습니다.

우리는 여러분이 "그렇게 하겠습니다. 적어도 그렇게 하려고 노력하겠습니다"라고 말하면서 부드러운 마음을 가지길 기대합니다. 그러나 "노력하겠습니다"도 그리 좋지 않습니다. "무조건 하겠습니다!"라고 말해야 합니다. 그렇게 하려고 노력하겠다는 건 여러분이 머뭇거리고 있다는 의미입니다. "그렇게 하겠습니다!"는 바다로 뛰어드는 것과 같습니다. "그렇게 하겠습니다!" 그러면 문제가 될 게 없지요.

불교도들은 수계식에서 계율을 받으며 이렇게 말합니다. "서원을 지키겠습니다!" 저는 어렸을 적 이 말이 터무니없다고 생각했었습니다. '어떻게 지키겠다는 거지? 집으로 돌아가면 달걀도 먹고 고기도 먹을 텐데, 그리고 설사 쌀밥만 먹는다 해도 그 쌀도 생명이잖아. 사람들은 살아 있는 이상 만물을 죽일 수밖에 없어. 어떻게 살생하지 않겠다고 말할 수 있지?' 그러나 훗날 저는 그들이 "서원을 지키겠습니다"라고 말하는 것을 들으며 머리를 한 대 맞은 듯했습니다. 그것이 계율을 지키는 방식임을 깨달았기 때문입니다.

가야 할 길은 오직 하나

눈앞에 빛이 보이면 그 방향으로 가기로 선택해야 합니다. 바로 거기에 실제 계율들이 존재합니다.

마음으로 계율을 이해하고 수용하는 것은 불가능하며, 따라서 지적 수행과 함께 신체적 수행이 함께 이뤄져야 합니다. 머리로만 계율을 연구하면 계율을 하나하나 비교하게 되고 한 가지 계율이 모든 계율의 근원임을 받아들이기 어려울 수 있습니다. 열여섯 가지 계율 모두를 하나하나 언급하며 진정한 의미를 살피기 전이라 하더라도, 이미 한 가지 계율이 존재한다면 모든 계율을 공부하는 것과 같습니다.

열여섯 가지 계율을 연구하는 걸로는 여러분이 겪는 문제들을 마주하는 데에 별로 효과가 없습니다. 문제에 부딪혔을 때 아마도 어느 쪽을 택해야 할지, 암울한 길인지 희망찬 길인지 결정해야만 합니다. 눈앞에 빛이 보이면 그 방향으로 가기로 선택해야 합니다. 바로 거기에 실제 계율들이 존재합니다. 실제 계율들은 그 과정에서 진짜 문제에 부딪혔을 때 발견할 수 있습니다. 이로써 여러분이 실질적으로 어떻게 계율을 지키는지, 어떻게 계율이 이해되는지, 그리고 어떻게 계율이 도움이 되는지 알 수 있습니다.

계율은 여러분이 움직이기 전에 길을 보여줍니다. 우리는 어디론가 운전해갈 때 표지판을 따라갑니다. 여행을 떠나지 않을 거라면 표지판은 별 소용이 없을 겁니다. 그러나 자동차를 몰고 샌프란시스코에서 로스앤젤레스로 가려면 표지판을 따라가야 하고, 표지판을 이해할 수 있게 됩니다.

여러분이 살아가는 실제 삶이 우선입니다. 이를테면

여러분이 불교도인지 기독교도인지는 문제가 되지 않습니다. 우리 각자에게는 저마다의 문제가 있고, 이는 기독교도의 문제라거나 불교도의 문제가 아닙니다. 여러분이 기독교 계율을 불교 계율과 비교한다면 어려움을 자초하는 것입니다. 그러나 자신의 실제 삶에 순간순간 집중한다면, 그리고 진중하고 정직하게 살고 있다면 기독교와 불교에는 차이가 없습니다.

표지판은 그저 어느 쪽으로 가야 할지 알려줄 뿐입니다. 인생의 길이 그 핵심에 집중하고 있다면, 기독교의 길을 갈지 불교의 길을 갈지 결정할 필요가 없습니다. 중요치 않으니까요. 그런 면에서 기독교인들이 옳다고 생각하는 것은 불교도들에게도 옳습니다. 두 가지 길이 따로 있다면 뭔가 잘못된 것입니다. 여러분이 가야 할 길은 오직 하나입니다. 여러분은 이기적인 욕망 때문에 잘못된 길을 택하면 핑계를 대고 싶어집니다. 그래서 "부처님이 그렇게 말씀하셨습니다"라든지 "예수님이 그렇게 말씀하셨습니다"라고 하게 됩니다. '불교'나 '기독교'를 구분할 때 여러분은 대개 핑계를 대고 있는 겁니다. 매우 간단한 방법입니다. 그저 표지판을 따르는 게 최고입니다.

계율이 무엇인지 정말로 알고 싶다면, 여러분이 하는 일에 집중해야 합니다. 계율에 관해 생각할 필요조차 없습니다. 그러고 나면 자연스레 자기만의 길을 찾을 겁니다. 샌프란시스코에서 로스앤젤레스까지 매일 여행을 떠난다면, 로스앤젤레스에 갈 방법을 깊이 생각할 필요가 없습니다. 로스앤젤레스까지 사고 없이 안전하게 갈 방법만 생각하면 됩니다. 그게 핵심입니다. 핵심은 계율이 아니라, 샌프란시스코에서 로스앤젤레스까지 운전하는 매 순간에 집중하는 겁니다.

그러니 우리는 그저 앉아 있는 실질적인 수행을 강조하고, 어떻게 해야 매 순간 우리가 하는 일에 집중할 수 있는지를 강조해야 합니다. 그저 앉는 것은 매 순간을 살아가는 일이며, 우리는 일상에 앉기를 적용할 수 있습니다. 중요한 것은 진정한 의미에서 여러분이 하는 일에 집중하는 것입니다. 그러면서도 내면이나 외면에서 뭔가를 추구하지 않는 것이지요. 주변 환경과 조화를 이루면서 모든 일을 해야만 합니다. 실제 행동을 무시하고 다른 뭔가를 생각한다면 이는 진짜 수행이 아닙니다.

일상에서 수행을 놓친다면 후회하고 말 것입니다. 진

정한 나가 되어 모든 존재와 함께할 수 있는 유일한 방법은, 저마다 최선을 다하는 겁니다. 모든 존재와 함께할 때 의식하지 않고도 계율을 지키는 것이랍니다.

여러분이 진정한 자신이 되고 수행이 만물을 아우를 때, 언제나 계율이 함께할 겁니다. 계율을 말로 전파하는 것보다 더 중요할 수도 있습니다. 계율을 설명하려면 시간이 걸립니다. 그러나 요컨대, 여러분이 그 계율을 지키는 법은 주변에 눈을 돌리지 않고 매 순간을 살아가면서 언제나 자신을 진정성 있게 대하는 것입니다. 여러분은 여러분이어야 합니다. 그게 전부입니다.

그저 앉는 것이 계율입니다

여러분이 앉아 있는 방식으로 계율을 지킨다면, 부처의 계율은 우리에게 완벽하게 전수됩니다.

선종의 계율은 단순히 규칙이 아니라, 우리 삶의 방식이자 우리 삶이 흘러가는 길이라는 점에서 진정한 의미를 가집니다. 우리는 삶을 살면서 어떤 규칙을 따릅니다. 의도적으로 특정한 규칙을 따르는 게 아닐지라도 규칙은 항상 존재합니다. 아침에 일어나면 완전히 잠에서 깨기 위해 세수를 합니다. 이것도 하나의 계율이라 말할 수 있습니다. 그런 다음 정해진 시간에, 또는 배가 고파지면 아침을 먹습니다. 이것도 하나의 계율입니다. 여러분은 정한 시간에 아침에 일어나 세수를 하고 아침을 먹을 때 규칙을 따릅니다. 자연스레 따르는 삶의 실제 방식입니다. 마찬가지로 여러분이 앉아 있을 때도 규칙이 존재합니다.

그저 앉는 것은 계율 그 자체입니다. 계율은 우리 삶의 방식 자체입니다. 선을 공부하는 이로서 우리는 좌선을 포함해 일상의 수행을 강조합니다. 우리가 일상에서 겪는 문제들에 어떻게 대처할 것인지를 생각해보면 좌선하는 것이 얼마나 중요한지 깨닫습니다. 수행의 힘은 진정한 의미에서 우리에게 도움이 됩니다.

예를 들어, 승려들이 다 같이 경전을 읽다가 목어木魚 또는 목탁을 두드릴 때, 이렇게 생각하며 속도를 조절하려 할 겁니다. "이건 너무 빨라. 그러니 속도를 늦춰야만 해." "이건 너무 느려. 더 빨리 외우게 해야겠어." 이를 손이나 생각으로 시도한다면 소용이 없을 겁니다. 경전을 읽는 사람들은 여러분의 박자를 따르지 않을 테지요. 여러분은 좌선의 힘으로만 속도를 조절할 수 있습니다. 뭔가를 통제한다는 생각 없이 자기 자신을 능숙하게 통제할 수 있을 때 올바른 속도를 설정할 수 있지요. 여러분이 좌선의 자세로 앉는 것과 같은 방식으로 자기 자신을 통제할 때 속도를 완벽하게 조절할 수 있습니다. 일상에서도 마찬가지입니다.

손재주나 생각을 통해서만 뭔가를 하려면 사람들의 지지를 얻기 어렵고, 그러면 다른 이들을 도울 수도 없게 됩니다. 그저 앉아 있기의 마음으로 해낼 때 다른 사람들을 도울 수 있고, 자연스레 다른 사람들의 지지를 얻을 수 있습니다. 계율이 단지 마음속에 품은 도덕률 같다면 전혀 소용이 없을 겁니다. 계율을 잊은 채 의도적으로 노력하지도 않으면서, 배고플 때 음식을 먹듯 계율을 따른다면 자연스레 계율이 존재하게 됩니다. 계율을 지키는 방법은 계율을 완전히 잊고 자연스레 따르는 것뿐입니다. 계율은 여러분이 완전히 잊었을 때 존재합니다.

여러분은 묵묵히 앉아 있어야 합니다. 뭔가를 얻겠다는 생각은 잊고, 그저 묵묵히 앉아야 합니다. 그저 앉아 있을 때 여러분은 이미 만물을 끌어안습니다. 단순히 우주의 일부가 되는 게 아니라, 만물과 하나가 됩니다. 이렇게 말하면 설명으로밖에 안 들리겠지만, 여러분은 정말로 물아일체가 됩니다.

앉기만이 아닙니다. 차 한 잔을 마실 때 그 행동은 만물을 끌어안습니다. 실제로 그렇습니다. "이건 차야" 또는 "이건 나야"라고 말할 때 여러분이 마시는 차는 아무것도 포용하지 않습니다. 그러나 여러분이 그게 무엇인지 생각하지 않고 차를 마시고 그 차와 완전히 하나가 될 때, 여러분은 '차'나 '나'를 생각하지 않습니다. 그리고 이 행동은 만물을 포용합니다.

도겐 선사는 여러분의 일상이 만물을 아우르지 않는다면 좋은 삶이 아니라고 말했습니다. 이를 느끼기는 거의 불가능하지만, 실제로 좌선이 무엇인지 경험해보면 여러분의 일상이 무엇인지, 그리고 일상이 각 활동에서 어떻게 표현되어야 하는지를 이해할 것입니다. 그리고 활동 하나하나를 좌선이라 인식하겠지요.

우리가 계율을 지키는 방식은 삶을 정돈하는 방식입니다. 그리고 우리가 삶을 정돈하는 방식은 앉는 방식과 같습니다. 이 요점은 여러 방식으로 설명할 수 있습니다. 우리가 좌선 수행을 할 때는 우리 외부에 아무것도 존재하지 않습니다. 모든 것, 모든 존재가 우리의 수행 안에 들어옵니다. 전체적 존재는 오직 하나이기 때문에, 여러 분도 없고 객관적 세계도 없습니다. 객관적 세계와 주관적 세계는 우리의 수행에서 같은 존재입니다. 결국은 그냥 좌선 수행을 설명하는 것이 되지요. 생각하는 마음이나 감정의 움직임에 휩쓸리지 않고 좌선할 때, 그리하여 검은 방석 위에 고요히 남아 있을 때, 그것이 바로 우리가 여러 방법으로 의미하고 설명하려는 그 수행입니다.

'계율을 하나하나 지켜야겠어'라고 생각하면 잘못된 수행입니다. 오랫동안 불교도는 계율을 지키려고 엄청나게 노력했습니다. 그러나 이런 수행은 계율에 어긋납니다. 이렇게 계율을 지키다가는 수행이 둘로 쪼개져서 우리 외부에 존재하게 되기 때문입니다. "계율을 지켜야 해!"는 우리가 좌선 수행을 하는 방식도, 계율을 실천하는 방식도 아닙니다. 대승불교의 승려들은 이분화된 수행을 계율에 어긋났다고 봅니다. 계율을 엄격히 지키는 것은 곧 집착하는 것이기 때문입니다. 계율이 있으나 계율을 따른다는 생각 없이 따라야 합니다. 이것이 계율을 따르는 방식입니다.

요컨대 여러분이 앉아 있는 방식으로 계율을 지킨다면, 부처의 계율은 완벽하게 전수됩니다. 대승불교의 승려들이 그러하듯, 우리는 십육조계나 250계를 세세히 알든 모르든 간에 여전히 따를 수 있어야 합니다.

위대한 노력

계율을 지키려고 노력할 때, 그것은 온전치 않더라도 위대한 노력입니다.

참선 수행을 할 때는 당연히 다리가 아픕니다. 그리고 정신적으로도 조금 힘들어지지요. 호흡에만 집중하기가 상당히 어렵다고 깨달을 겁니다. 하나씩 하나씩 다양한 형상이 마음에 떠오르고, 아니면 마음이 저 멀리 나가 헤맬 겁니다. 제게도 어려운 일입니다.

좌선하며 겪는 어려움은 마음 밖에서 일어나지 않음

을 이해해야 합니다. 이 어려움을 처리하려면 자신이 겪는 어려움을 인정하고 계속 노력을 쏟아야 합니다. 그러나 소심을 바탕으로 노력하려고 애써서는 안 됩니다. "내 수행은 더 훌륭해야 해"라고 말한다면 그건 옹졸한 마음, 작은 마음입니다. '내 수행'이란 말은 옳지 않습니다. 부처의 수행이 더 뛰어나야 하지, 여러분의 수행이 그래서는 안 됩니다.

여러분의 소자아가 큰 마음의 손길에서 벗어나 움직인다면, 그건 선이 아닙니다. 여러분은 큰 마음의 보살핌을 받아야 하고, 여러분의 수행은 큰 마음으로 해야 합니다. 다리에 느껴지는 고통은 똑같을지언정 이를 처리하는 방식은 사뭇 달라질 겁니다.

이렇게 말할 수 있습니다. "참선 수행과 계율은 하나입니다." 계율을 지키려면 참선 수행을 해야 합니다. 둘은 똑같으니까요.

계율은 여러 규칙을 포함합니다. 이 규칙 대부분은 완벽하게 지키기가 거의 불가능합니다. 저는 여러분이 그 규칙들을 지킬 수 있다고 생각하지 않지만, 좌선을 수행하면 지킬 수 있게 됩니다.

계율을 지키는 비법은 '지킬 것인가, 안 지킬 것인가' 이분화된 개념이 마음속에서 생겨난다는 사실을 이해하는 데에 있습니다. 참선 수행의 과정에서 여러분은 아무도 비난할 수 없으며 계율을 어길 수도 없음을 알게 됩니다.

계율을 지키려고 노력할 때, 그것은 온전치 않더라도 위대한 노력입니다. 여러분 자신이 계율 혹은 불심에서 벗어났다 생각한다면, 이를 온전히 지키기가 불가능할 겁니다. 한편, 여러분의 활동이 부처의 대행大行을 표현하는 것이라면, 여러분이 무엇을 하든 부처의 노력이 됩니다. 설사 그 활동이 완벽하지 않다고 하더라도 부처의 자비로운 활동을 구현하는 게 되지요.

기록에 따르면 도겐 선사는 자신의 스승이 옆자리에 앉은 다른 제자를 후려치며 "무엇을 하고 있는 게냐? 정진精進해야만 하느니라!"라고 말하는 것을 듣고는 깨달음을 얻었습니다.

우리가 정진해야 할 것은 바로 선이며 계율의 준수입니다. 우리가 순간순간 자신 있게 최선을 다한다면, 그게 바로 깨달음입니다. 완벽하게 준수했는지 아닌지는 묻지

맙시다. 계율을 지키고 참선 수행을 하려고 최선을 다한다면 그 자리에 깨달음이 피어납니다. 다른 방법으로는 깨달음을 얻을 수 없습니다.

깨달음은 어떤 특별한 단계가 아니며, 어디에든 존재합니다. 여러분이 어디를 향하든, 깨달음은 그곳에 있습니다. 무슨 일이든 최선을 다할 때, 그게 깨달음입니다. 이 점은 우리의 참선 수행과 일상생활에서 아주 중요합니다. 수행은 일상생활의 일부이고, 우리는 일상에서 최선을 다해야 합니다. 일상생활에서 아무런 노력도 하지 않는 주제에 그저 이곳에 모여 40분 동안 앉아 있다면 전혀 수행이라 할 수 없습니다.

계율 지키기가 거의 불가능하다 하더라도 일상에서 이를 수행의 본보기로 삼아야 합니다. 규칙이 있기 때문에 앉아서 집중하는 것이 가능합니다. 어떤 형태나 고유의 엄격한 방식을 활용하면서 호흡을 가다듬어야 하기 때문입니다. 일상에서도 똑같습니다. 목표나 기준이 없으면 삶에서 최고의 노력을 쏟을 수 없습니다.

제 스승 기시자와 노사는 언제나 "달성해야 할 맹세나 목표가 있어야 한단다"라고 했습니다. 인생에서 목표가 없다면 훌륭한 수행자가 될 수 없습니다. 완벽하지 않더라도 목표를 가지는 게 필요합니다.

계율도 마찬가지입니다. 계율을 지키는 게 거의 불가능하더라도 우리는 계율을 지녀야 합니다. 계율 없이는 부처의 정신을 실현할 수 없으니까요. 우리가 계율을 갖게 된 것은 부처님의 위대한 자비 덕분입니다.

혹자는 계율은 지킬 수 없기에 쓸모없다고 생각할지도 모릅니다. 그러나 현재 우리가 살아가는 삶은 쓸모 없어 보이는 수많은 노력이 모인 결과입니다. 이 삶에 도달하기 위해 우리는 쓸모없는 짓을 얼마나 많이 했었나요? 인류의 조상은 물고기에서 원숭이가 되기까지 얼마나 오래 걸렸나요? 잘 모르지만, 이 인간의 삶에 도달하기 위해 그리도 많은 시간과 돈을 낭비했었지요! 뮤어우즈Muir Woods 국립공원에 우뚝 선 거대한 나무처럼, 여러분의 삶에는 해마다 한 겹씩 더해진 나이테가 있습니다. 그게 바로 계율입니다. 원치 않더라도 지니게 되지요. 묵묵히 자리에 앉아 부단히 노력하면 자아의 나이테가 한 겹 더해집니다. 이런 식으로 여러분은 점차 발전할 겁니다.

우리는 자기중심적인 개념을 가지고 노력하는 이상

화합할 수 없습니다. 자신을 반성하고 계율과 규칙을 존중할 때 우리의 노력은 이기심에서 벗어날 수 있는 방향을 찾고 우리 삶의 올바른 지향점을 알게 될 겁니다. 이것이 우리가 참선 수행을 하는 방법이자 이유이고, 불교가 발전해온 방식입니다.

이상과 현실

우리에게 완전한 성공이나 완전한 깨달음이란 개념이 없더라도, 우리는 이를 목표로 나아갑니다.

윤리적 계율을 이야기하려면 불교도들이 인간의 본성을 어떻게 이해하는지 설명해야 합니다. 우리는 인간 본성이 사악하다고 생각하지 않습니다. 승려로서 우리는 모든 사람이 널리 불성을 가지고 있으며 선한 존재라고 봅니다. 궁극적인 의미에서 우리의 본성은 선하지도 악하지도 않지만, 보통은 악하기보다는 선하다는 것이 우리의 생각입니다.

불교의 관점에서 우리는 부적절한 방식으로 수행할 때 업보를 쌓습니다. 업보는 우리를 잘못된 방향으로 몰아가는 힘이지요. 이것이 불교에서 죄나 업보를 보는 방식입니다.

업보 또는 카르마Karma는 원래 '행동'이라는 뜻이지만, 단순히 우리 자신이 무엇을 하느냐가 아니라 우리 내면의 더 복잡하고 심오한 것을 가리킵니다. 업보는 개인이 쌓는 것이지만, 한편으론 집단적인 의미를 지닙니다. 지금 우리의 이 육체뿐 아니라 시작을 알 수 없을 정도로 먼 과거로부터 우리의 조상이 만들어내는 것이기 때문입니다.

이런 방식으로 죄나 업보를 이해할 때, 우리가 마음먹는다고 해서 업보의 문제를 해결하기란 상당히 어렵습니다. 쉽지 않은 일이지요.

이쯤에서 저는 기독교의 원죄와 불교의 업보가 어느 정도는 비슷하다 생각합니다. 둘 다 필연적이면서 빠져나가기 거의 불가능하기 때문입니다. 업보에서 마침내 벗어나기 위해서는 선과 악, 가능과 불가능을 생각하지 않고 수행해야 합니다. 수행을 통해 조금씩 발전해나가야 합니다. 어떤 면에서 깨달음을 얻었더라도, 삶을 살아가는 한 업보를 바꿀 수는 없습니다. 그러므로 갈 길이 참 멀지요.

업보의 문제를 해결할 수 없기 때문에 우리는 서원을 합니다. "번뇌는 끝나지 않지만 끊어내겠습니다. 부처님의 도는 더없이 높으나 반드시 이루겠습니다." 이는 우리가 영원히 지켜야 할 맹세입니다. 이것을 지킬 때 불교의 정신은 살아 있습니다. 불교의 가르침이 이룰 수 있는 대상이라면, 일단 그 가르침을 얻으면 그걸로 끝입니다. 더 이상 불교도 없고 불교를 공부할 이유도 없는 것이죠. 그러나 다행히도 그건 불가능하고, 따라서 가르침을 얻기 위해 우리는 계속 부단히 노력해야 합니다.

이쯤에서 다시 역설에 부딪힙니다. 우리는 불교의 가르침을 얻어야 하지만 얻을 수 없습니다. 이 문제를 해결할 방법은 매일 매 순간 수행하는 겁니다. 매 순간을 살아내는 것이 답입니다. 우리가 찰나마다 스스로 이뤄낸 것에 만족할 때 우리 삶은 평정을 얻게 됩니다. 만족하게 되지요.

따라서 우리에게 완전한 성공이나 깨달음이라는 개념이 없더라도, 이를 목표로 나아갑니다. 어떤 이상향은 있지만, 우리가 그 이상향에 완전히 도달할 수 없음을 알고 있습니다. 이상은 이상이고 현실은 현실입니다. 우리는 이상과 현실 모두 염두에 두어야 합니다. 그러지 않으면 아무것도 할 수 없을 테니까요. 이상과 현실 모두 우리의 수행을 도와줍니다. 따라서 어느 한쪽을 바람직하거나 바람직하지 못하다고 취급해서는 안 됩니다. 이상은 이상으로, 현실은 현실로 받아들이면 됩니다.

우리의 수행은 완벽하지 못하지만, 이상을 내려놓지 말고 받아들여야 합니다. 이를 위해서는 이상과 현실, 그리고 만물을 아우르며 매 순간 살아가면 됩니다. 우리가 매 순간 겪는 일에 만족할 수 있는 다른 방법은 없습니다. 우리는 이렇게 이상에 접근합니다.

우리는 부처를 이상적인 존재이자 완벽한 존재로 알고 있습니다. 동시에 부처가 인간이라고도 알고 있지요. 우리에겐 이상이 있으나, 거기에 매여 있을 필요는 없습니다.

참선 수행에서는 깨달음을 강조하지 않습니다. 깨달

음이라 할 때는 뭔가 완벽한 존재, 우리가 다다를 수 있는 완벽한 상태를 의미하지요. 그러나 이를 좋고 나쁜 단계, 높고 낮은 단계로 이해한다면, 깨달음을 얻는 것은 불가능합니다. 이것은 완벽한 깨달음이 아니지요. 우리는 완벽을 기대해서는 안 되며, 그렇다고 거부해서도 안 됩니다. 이상은 이상이며 현실은 현실입니다. 그리고 우리의 수행은 두 가지 면을 모두 가져야 합니다.

결국 규칙은 없습니다

형식이 완벽하더라도 의도가 옳지 않다면, 그건 우리의 방식이 아닙니다.

50여 년 전 세상을 떠난 유명한 선사가 있습니다. 그에게는 아주 훌륭하고 진지한 제자들이 많았지요. 그는 작은 도시 근처에 있는 한 선원에서 제자들과 함께 살았는데, 아주 가난했습니다. 제자들은 염불을 외울 때 쓸 종이 필요해서, 스승에게 종을 하나 사달라고 부탁했습니다. 그는 제자들에게 매우 화가 나 물었습니다.

"왜지? 종을 가지고 경전을 외는 게 무슨 소용인가? 너희는 수행으로 도시 사람들에게 감명을 주려고 종을 사용하고 싶어 하는 것 같구나. 그렇다면 그건 내 방식이 아니야! 우리는 우리의 깨우침을 위해 수행을 하는 것이지, 다른 사람들이 원하는 대로 하기 위해서가 아니야. 그러니 종 없이 독경할 수 있다면 그걸로 충분하다네. 다른 사람들이 들을 수 있게 종을 살 필요가 없는 게야."

물론 경전을 읽을 때는 어느 정도 규칙이 있고, 종이 없다면 아쉬울 수 있습니다. 그러나 형식이 완벽하더라도 의도가 옳지 않다면, 그건 우리의 방식이 아닙니다. 따라서 규칙은 존재하지만, 사실상 규칙이 존재하지 않습니다. 우리에겐 계율이 있지만, 사실은 계율이 없습니다. 계율은 상황에 따라 만들어지는 겁니다.

부록 1

열여섯 가지 계율에 대해

우리는 언제나 보살계를 잊어서는 안 되지만,
그 가르침이나 계율에 매여도 안 됩니다.

십육조계

십육조계는 조동종 불교의 윤리원칙입니다. 십육조계는 삼귀의三歸依와 삼취정계三聚淨戒, 십중계十重戒라는 세 부분으로 구성됩니다. 십육조계는 다양하게 번역되어 있는데, 스즈키 노사는 다음과 같은 마스나가 레이호의 번역본을 사용했습니다(1958년판).

삼귀의

귀의불歸依佛: 부처에게 귀의합니다.

귀의법歸依法: 부처님의 가르침(불법)에 귀의합니다.

귀의승歸依僧: 부처님의 가르침을 실천하는 승가에 귀의합니다.

삼취정계

섭선법계攝善法戒: 착한 행동을 받아들입니다.

섭율의계攝律儀戒: 착한 계율을 받아들입니다.

섭중생계攝衆生戒: 모든 중생을 받아들이고 구제합니다.

십중계

불살생不殺生: 살생하지 말라.

불투도不偸盜: 도둑질하지 말라.

불사음不邪淫: 간음하지 말라.

불망어不妄語: 거짓말하지 말라.

불음주不飮酒: 술을 마시지 말라.

불설사중과不說四衆過: 남의 허물을 끄집어내지 말라.

불자찬훼타不自讚毁他: 자기를 자랑하고 남을 헐뜯지 말라.

불간석가훼不慳惜加毁: 물질적·영적 소유물을 독점하지 말라.

불진심불수회不瞋心不受悔: 화내지 말라.

불방삼보不謗三寶: 삼보를 비방하지 말라.

부처에게 귀의한다는 건

우리가 그것과 하나가 될 때, 여기에는 아무런 교감이나 연관성도 없습니다. 그저 하나이기 때문입니다. 그것이 진정한 의미에서 완전한 귀의입니다.

부처에 귀의한다는 것은 부처와 하나가 되는 것, 또는 부처와 다르지 않은 우리의 본성을 찾는 것입니다.

도겐 선사는 감응도교感応道交라는 말을 즐겨 썼습니다. '공감하는 교제'라는 의미입니다. 번역하기 쉽지 않지요. '감응'은 '서로에게 반응하다'를 의미하고, '도교'는 '진정한 관계'를 가리킵니다. 여기에서 '도'는 길이고, '교'는 관계입니다.

의식적인 자각의 관점에서 보면 감응도교는 우리가 부처와 자기 자신에게서 어떤 일관성이나 상관성, 아니면 관련성을 느끼기 때문에 생겨납니다. 그러나 우리의 느낌이 그렇다 해도, 본래부터 불성과 인성人性 사이에는 차이가 없습니다. 이미 공감하는 교제나 관계를 넘어섰지만, 우리의 의식적인 자각은 그렇게 느껴집니다.

상호교감이나 감응도교를 통해 우리는 선을 진실하게 경험하려 합니다. 이는 황홀경도, 마음의 신비로운 상태도 아닙니다. 기쁨보다 더 커다란 지극한 기쁨이지요. 아마도 마음 상태가 조금 변하면 이 진실한 경험을 할지도 모르겠습니다. 그러나 정신상태의 변화는 엄밀히 말해 깨달음이 아닙니다. 깨달음은 그를 넘어선 상태입니다. 정신상태의 변화도 오지만, 그 이상의 것이죠. 우리가 경험하는 부분은 신비로운 경험에서 오는 기쁨이겠으나, 다른 뭔가가 더 뒤따릅니다. 이 경험에서 뒤따르는 그 뭔가가 진정한 깨달음입니다.

따라서 깨달음을 얻었다 하더라도, 이를 항상 의식적으로 경험할 수 있다고 가정해서는 안 됩니다. 이 미묘한

주의사항을 안고 여러 활동을 해나가다 보면 경험은 더욱 심오해지고 여러분의 의식은 더욱 성숙하고 매끄러워질 겁니다. 깨달음은 일상의 경험이 성숙하는 것이라 볼 수 있습니다. 깨달음이 따르지 않으면 경험은 흑 아니면 백이 되어버립니다. 진실한 경험이 의식적인 활동이나 의식적인 경험을 뒤따를 때, 이를 받아들이고 활용하는 방식은 더욱 자연스럽고 매끄러우며 깊어질 겁니다.

단순한 기쁨이 아닙니다. 기쁨보다 더 큰 존재이지요. 그냥 의식적으로도 깨달음을 경험할 수 있지만, 여러분이 경험하는 것은 기쁨보다 훨씬 더 심오합니다. 이 점을 항상 기억해야 합니다. 이 점을 기억하면 모든 계율을 기억하는 겁니다. 특정한 경험에 집착하지 않게 되고, 선악 또는 자타의 이분법적 경험에 사로잡히지 않을 겁니다.

우리가 특정한 경험에 집착할 때 계율을 어기는 것이지요. 뭔가를 가졌을 때, 여러분은 소유에서 오는 기쁨을 누릴 수 있습니다. 이는 도둑질하지 말라는 계율과 다른 이들에게 영적으로나 물질적인 도움을 주며 욕심내지 말라는 계율을 어기는 거랍니다. 그러니 이 두 계율을 올바르게 지킨다면 모든 계율을 지킬 수 있습니다.

다시 말해, 좌선하듯 모든 행동을 하면 모든 계율을 따를 수 있습니다. 우리는 앉아 있을 때 마음이 깨끗해지고, 그 이외의 어떤 특별한 경험도 하지 않습니다. 아마도 졸리거나 다리가 저린 정도겠지요. 그러나 깨달음을 얻었다고 느끼거나 정신상태가 갑자기 변했다고 느낄 때, 그 경험조차도 진실한 깨달음이 아닙니다. 의식에서는 뭔가를 보거나 깨달았을지라도 그저 여러분이 뭔가를 봤다는 의미를 가질 뿐, 그뿐입니다. 그건 여러분의 것이 아닙니다. 여러분은 거기서 아름다운 뭔가를 보고 있지요. 그건 여러분의 경험이지만, 그뿐입니다. 진실한 경험이지만, 그걸로는 부족합니다. 우리는 진실과 하나가 되어야 합니다. 그건 부처나 진실에 귀의歸依하는 게 아닙니다. 우리가 그것과 하나가 될 때 여기에는 아무런 교감이나 연관성도 없습니다. 그저 하나이기 때문입니다. 그것이 진정한 의미에서 완전한 귀의입니다.

귀의는 뭔가에 빠져든다는 의미를 담고 있습니다. 우리는 "바구니에 물을 담을 수 없다"고 말합니다. 물 위에 바구니를 띄우면, 바구니는 가라앉고 말지요. 그것이 이치입니다. 이분법적인 노력을 쏟을수록, 여러분은 바구니가 되어 아무것도 할 수 없게 됩니다. 여러분은 구멍이 숭숭 뚫렸고, 구멍은 여러분이지요. 우리는 무루지無漏智, 즉 새지 않는 지혜라는 말을 씁니다. 그러나 우리의 지혜는 구멍 뚫린 지혜, 새어 나가는 지혜입니다. 무루지는 구멍 없는 지혜를 의미하지만, 우리에게 구멍 없는 지혜는 그저 물속에 바구니를 담가놓은 것뿐입니다. 물속에 있는 동안에는 새어 나가지 않을 테니까요! 그게 귀의이며, 우리가 좌선 수행을 하는 방식입니다. 이것이 계율의 해석이자 좌선의 이해입니다.

세 가지 보물의 세 가지 해석

세 가지 보물의 세 가지 해석을 이해해보면, 각 해석이 서로를 뒷받침해주면서 우리가 완전하게 이해할 수 있게 도와준다는 것을 깨닫게 됩니다.

우리가 귀의하는 부처, 불법, 승가라는 세 가지 보물을 이해하는 데에는 세 가지 방법이 있습니다.

본래는 '드러난 세 가지 보물' 또는 '현전삼보現前三寶'라고 이해할 수 있습니다. 여기서 부처는 보리수 아래에서 깨달음을 얻은 사람으로, 모든 스승의 스승입니다. 불법은 부처가 주는 가르침이고, 승가는 부처 아래서 공부하는 무리입니다.

'현전'은 '앞에 드러나다' 또는 '분명해지다'라는 의미이고, '삼보'는 '세 가지 보물'을 의미합니다. 물론 부처가 나타나지 않았더라도 여전히 본질적인 진실은 존재했겠지요. 그러나 아무도 깨달은 자가 없다면 그 진실은 우리에게 아무 의미도 없어집니다. 따라서 여기서 우리는 '드러난' 진실을 말하는 거지요. 그 드러난 진실이 바로 불법입니다. 그리고 조화와 일치 속에서 수행하려고 모인 사람들을 승가라 합니다.

세 가지 보물을 이해하는 또 다른 방법은 '하나의 몸을 이루는 세 가지 보물' 또는 '일체삼보一体三寶'입니다. 이렇게 이해할 때 부처는 여러 형태로 갈라지지 않는 진실이고, 불법은 진실 그 자체이며, 승가는 부처의 공동체뿐 아니라 조화나 일치를 의미합니다. 이렇게 해석해보면, 보물은 세 가지지만 각각은 하나의 현실을 해석하거나 표현합니다. 그래서 '일체삼보'라 부릅니다.

세 가지 보물을 이해하는 또 하나의 방법으로 '문화적인 세 가지 보물' 또는 '주지삼보住持三寶'가 있습니다. 주지삼보는 '기존의 세 가지 보물' 또는 '유지되는 세 가지 보물'이라는 의미로, 세 가지 보물이 우리 사회나 문화적 틀 안에서 존재하는 방식을 가리킵니다. 따라서 주지삼보는 사회에서 존재하고 유지되는 세 가지 보물인 '문화적인 세 가지 보물'이 되지요.

넓은 사회에서 우리는 불교문화를 누립니다. 불교문화는 부처와 그의 가르침, 그리고 불교 선사와 일반 신도들로 구성되지요. 이 '문화적인 세 가지 보물'은 사회 안에 존재하는 보물입니다. 아름다운 건물과 불교예술은 부처를 표현합니다. 경전의 아름다운 글들은 불법을 담고 있습니다. 또, 승복을 입은 승려와 재가자들이 모인 집단이 승가입니다.

앞서 말한 세 가지 이해 방법을 요약하자면, 첫 번째는 '드러난 세 가지 보물'입니다. 두 번째는 '하나의 몸을 이루는 세 가지 보물'이자, 세 가지 보물이 하나 됨을 철학적으로 이해하는 것입니다. 하나에 집중해야 합니다. 숭배의 대상이 세 개가 되어버리면 집중하기 어렵기 때문에, 하나 됨을 철학적으로나 지적으로 이해해야만 합니다. 세 번째는 선 사찰에서의 일상적인 활동을 이해하는 것입니다. 이것이 '전통적인 세 가지 보물' 혹은 '문화적인 세 가지 보물'입니다. 문화적인 세 가지 보물을 뒷받침하는 것은 철학과 부처의 가르침과 불성입니다. 따라서 다른 두 가지로부터 나머지 하나를 떼어놓을 수 없습니다.

세 가지 보물의 세 가지 해석을 이해해보면, 각 해석이 서로를 뒷받침해주면서 우리가 완전하게 이해할 수 있게 도와준다는 것을 깨닫게 됩니다. 이것이 선불교가 세 가지 보물을 이해하는 방식입니다. 우리에겐 세 가지 보물이 있고, 좌선 수행을 합니다. 이것이 우리 방식이지요. 우리가 수행을 이해하는 방식은 다른 불교 종파와는 아주 다릅니다.

종파마다 세 가지 보물을 이해하는 특별한 방식이 있습니다. 각 종파의 이해 방식을 공부하다 보면 완벽하게 이해할 수 있고, 아무리 종파가 많아도 실제 의미는 같다고 깨닫게 됩니다. 그럴 수밖에 없는 것이, 종교 생활은 우리의 가장 내밀한 본성을 표현하며 그 본성은 모든 인간이 보편적으로 가지고 있기 때문입니다. 따라서 부처가 깨달음을 얻듯이 우리는 깨달음을 얻습니다. 부처가 고행하며 구하려 했던 것은 우리가 애써 구하려는 대상과 같습니다. 우리네 인간은 모두 똑같은 본성을 가지고 있기 때문입니다.

우리는 우리의 본심을 부처와 불법, 승가를 통해 객관적 세계에 투영합니다. 이는 우리가 받아들일 수 있는 뭔가를 가지고 싶다는 은밀한 욕망일 뿐이지요. 우리는 진정한 의미에서 받아들일 수 있는 뭔가를 얻으려고 고군분투하고 있습니다. 여러분은 신을 만들어내고, 신을 구하려고 애씁니다. 이는 여러분이 자기 자신을 위해 애쓰고 있다는 의미입니다. 우리 모두는 똑같은 인간 본성을 지니고 있기에, 이 역시 우리 모두가 똑같을 수밖에 없습니다.

삼취정계

타고난 본능과 욕망에 더불어, 우리는 욕망을 돌보고, 자기 자신을 돌보고, 다른 사람들을 돌보겠다는 욕망을 가져야 합니다. 그것이 우리의 맹세입니다.

세속적인 삶이 본능과 욕망을 바탕으로 한다면, 종교적인 삶은 그 세속적인 욕망과는 전적으로 다른 순수한 마음을 바탕으로 한다고 생각합니다. 이렇게 이해한 탓에 부처 시대 인도 사람들은 육체적인 욕구를 제한하고, 이 순수한 마음이나 순수한 정신이 가져다주는 해방을 누리기 위해 고행을 했습니다. 이것이 당시 사람들의 종교관이었지만, 불교는 이와는 전혀 다릅니다.

우리 방식대로의 불교는 영적인 힘이나 순수한 마음에서 오는 자유로움을 얻기 위해 육체적인 욕구를 억누르는 극단적인 고행이 아닙니다. 우리는 이런 극단으로 치닫지 않고, 그렇다고 다른 극단적인 방향으로 가지도 않습니다.

불교는 우리가 실제로 가진 본능과 욕망을 인정합니다. 그리고 우리에게 다양한 욕망이 있음을 부인할 수 없습니다. 좋든 나쁘든, 어쨌든 우리는 욕망을 가졌지요! 우리가 실제로 욕망을 가진 이상 이를 받아들여야 합니다. 우리가 받아들여야 할 진실의 일부이니까요. 욕망이 나쁘다고 말하는 건 자기중심적인 생각입니다. 사물을 '있는 그대로' 보면, 욕망을 그 일부로 받아들여야 합니다. 그게 바로 우리의 방식입니다.

우리에겐 다양한 욕망이 있으며, 좋든 나쁘든 이를 받아들여야 합니다. 하지만 그 욕망이 흘러가는 대로 내버려둘 수는 없습니다. 우리의 본성을 제대로 인식하기 위해서는 여기에 공을 들일 필요가 있습니다. 욕망을 돌보지 않으면, 결국은 우리의 본능과 욕망을 혐오하게 되고 금세 타락하거나 파괴되고 말 것입니다. 아무것도 좋은 결과가 남지 않지요. 그러나 우리의 본성이 나쁘다는 의미는 아닙니다. 욕망을 돌보지 않는 것이 잘못이며, 생각이 짧다는 의미이지요.

그렇기 때문에 우리에겐 삼취정계가 있습니다. 타고난 본능과 욕망에 더불어, 우리는 욕망을 돌보고, 자기 자신을 돌보고, 다른 사람들을 돌보겠다는 욕망을 가져야 합니다. 그것이 우리의 맹세입니다. 이것이 삼취정계의 근본적인 의미이지요. 선한 행동을 받아들이고, 선한 계율을 받아들이며, 모든 중생을 받아들이고 구제한다는 겁니다.

십중계

언제나 이를 잊어서도 안 되지만, 가르침이나 계율에 묶여서도 안 됩니다. 그것이 우리가 계율을 지키는 방법입니다.

몸과 말, 마음과 관련한 열 가지 규칙, 즉 십중계가 있습니다. '살생하지 말라' '도둑질하지 말라' '간음하지 말라'는 우리의 몸에 관한 계율입니다. '거짓말하지 말라' '술을 마시지 말라' '남의 허물을 끄집어내지 말라' '자기를 자랑하고 남을 헐뜯지 말라'는 말에 관한 것입니다. 그리고 '물질적·영적 소유물을 독점하지 말라' '화내지 말라'

'삼보를 비방하지 말라'는 우리의 마음에 관한 것이지요.

'살생하지 말라.' 우리의 본질을 깨우치라는 의미입니다. 단순히 벌레를 죽이지 말라는 의미가 아니며, 그저 자비를 가지라는 의미도 아닙니다. 더 심오한 뜻을 가졌지요. 물론 벌레조차 죽여서는 안 된다는 의미지만 그것이 진정한 의미는 아닙니다.

'도둑질하지 말라.' 우리가 이미 모든 것을 소유하고 있음을 깨닫지 못한다면 도둑질을 하고 싶어집니다. 그러나 어쨌든 이 세상 모든 것이 정말로 우리의 소유이고, 따라서 훔칠 필요가 없습니다. 우리가 소유하는 것들을 관리해야 하는 거지요!

'간음하지 말라.' 이 계율은 특별한 대상에 대한 우리의 애착을 강조합니다. 단순히 다른 사람에게 들러붙지 말라는 의미가 아니랍니다! 우리는 연인에게 애착을 갖듯 사물에 집착합니다. 해야 할 일을 할 수 있기 위해서, 우리는 갖가지 애착과 집착을 자제할 수 있어야 합니다. 저는 여러 차례 스승들께 꾸지람을 들었습니다. "너는 간음을 저지르고 있구나!" 제가 고급스러운 물건에 집착하자 스승님은 말씀하셨습니다. "간음을 저지르지 말거라!" 스승님 말이 옳았습니다.

'거짓말하지 말라.' 말에 관한 계율이지만, 아무 말도 하지 않을 때조차 거짓말을 해서는 안 됩니다! 여러분의 눈동자도 거짓말을 하고, 표정도 거짓말을 합니다. 이게 진실입니다.

'술을 마시지 말라.' 아주 중요한 계율입니다. 요즘에는 여기에 덧붙여야 할 것들이 있지요. '마시지 말라'에는 술을 뽐내지도, 이용하지도 말라는 뜻도 있습니다. 여기에는 약도 포함됩니다. 약을 올바르게 사용하면 이득이 되지만, 어쩌면 계율을 깨뜨릴 수도 있습니다. 우리의 천성은 유혹에 아주 취약하니까요. 우리는 술을 마실 때 이 사실을 꼭 생각해야 합니다.

이 계율의 의미는 아주 심오합니다. 불교의 가르침이 얼마나 심오한지 자랑하는 것도 술을 마시는 것과 매한

가지입니다. 어떤 종교가 멋지다고 말할 때도 술을 마시는 것과 같습니다. 술뿐이 아닙니다. 모든 영적인 가르침이나 우리에게 독이 되는 것들은 술로 여겨집니다. 이 계율을 문자 그대로 받아들이면, 그것 자체로 술을 마시는 게 됩니다.

우리는 항시 가르침과 계율에서 벗어나 자유를 누려야 합니다. 언제나 이를 염두에 두고 잊어서는 안 되지만, 가르침이나 계율에 묶여서는 안 됩니다. 그것이 우리가 계율을 지키는 방법입니다. 그리고 우리가 다섯 번째 계율을 가진 이유입니다. 다섯 번째 계율은 모든 가르침으로부터의 완전한 자유를 의미합니다.

'남의 허물을 끄집어내지 말라.' 우리가 다른 사람의 허물을 이야기할 때, 자신의 허물을 이야기하고 있다는 의미입니다. 거의 항상 그렇습니다. 다른 누군가의 허물을 이야기할 때, 여러분에게도 역시 똑같은 허물이 있음을 알고 있어야 합니다. 그러면 그런 얘기를 하는 것도 나쁘지 않겠지요! 하지만 허물을 얘기할 필요가 없다면, 그게 훨씬 좋습니다. 다른 사람의 허물을 끄집어내지 마세요.

'자기를 자랑하고 남을 헐뜯지 말라.' 자기 자신을 자랑하고 다른 사람을 비난한다면, 그건 여러분이 매우 옹졸한 사람임을 보여줍니다.

'물질적·영적 소유물을 독점하지 말라.' 진정한 의미에서 이 계율을 지킨다면, 누가 얼마나 돈이 많은지는 문제가 되지 않습니다. 중요치 않거든요. 우리는 다른 사람의 재산이나 돈에 상관해서는 안 됩니다. 다른 사람들의 돈을 헤아려봐서는 안 되지요. 우리 돈을 세보는 것만으로도 바쁘거든요! 그러니 다른 사람의 소유물에 관심을 꺼야 합니다. 이것이 이 계율이 진짜로 의미하는 바입니다.

'화내지 말라.' 아주 어려운 일이지요. 선사들은 대부분 성질이 아주 급하지만, 제가 어렸을 때 우리 스승들께 화내지 말라고 말씀드릴 수는 없었습니다. 그저 스승 앞에서 이 계율을 읊조리는 게 더 나았겠지요. 스승이 "화내지 말라"라고 말씀하시면 우리는 큰 소리로 따라 하면 됩니다. "화내지 말라!"

'삼보를 비방하지 말라.' 불교의 승려들이 이 계율을 만들었다는 점이 아주 재미있지요. 마치 이런 계율을 만들어서 자기네를 보호하는 것처럼 보이니까요. 그리고 가장 치명적이고도 중요한 계율이기도 합니다! 이 계율을 깨뜨리는 자는 추방되고 말 겁니다. 저는 이런 식의 계율을 만드는 게 좀 불공평하다고도 생각합니다.

'살생하지 말라', 좋습니다. '화내지 말라', 아주 좋습니다. 하지만 '삼보를 비방하지 말라'는 아주 이기적인 계율이지요. 게다가 이 계율을 깨뜨리면 아마도 지옥 밑바닥까지 떨어지고 말 겁니다. 살인을 저지를 때보다 더 심각하지요. 아주 웃기는 이야기예요. 이게 우리의 제도입니다. 아주 훌륭한 제도예요. 우리한텐 그렇지만 여러분에게는 아니지요!

마지막 계율을 깨뜨리는 자는 아마도 아주 똑똑하고 전도유망한 사람일 겁니다. 그렇기 때문에 아주 엄격하고 무거운 벌을 주려는 거랍니다. 지옥의 제도는, 아시겠지만 형벌이 아니라 수련입니다. 이 계율을 어기는 자는 꽤 강한 사람이기 때문에, 상당히 이해할 만한 처분이지요. 사람을 죽이거나 뭔가를 훔친 사람에게는 굳이 엄격한 가르침이나 결과를 적용해봤자 소용이 없습니다. 그냥 적절하고 시험적인 방법으로 대하는 게 더 낫지요. 우리가 이런 사람들에게 무거운 형벌을 내리지 않는 이유가 여기에 있습니다. 화내는 사람들이야 아주 정직하고 아주 착한 사람일 거예요. 강한 의지도 있고 진지하고요. 그래서 우리는 그들에게 무거운 짐과 무거운 형벌을 얹어줍니다. 이렇게 이해하면 열 번째 계율은 가장 똑똑하고 선한 사람들에게 적용됩니다.

살생하지 말라

파리가 날아오면 아마도 파리를 잡아버리겠지요. 하지만 잘못된 행동을 하고 있을 가능성에도 항상 대비해야 합니다.

우리는 "살생하지 말라"라고 말하지만, 이것이 단순히 파리나 다른 벌레를 죽이지 말라는 의미는 아닙니다. 사실 "파리가 있네. 이걸 죽여, 말아?"라고 말하는 순간 너무 늦었지요. 항상 우리는 파리를 보기 전조차도 이런 식의 문제를 겪습니다.

밥을 먹으면서 우리는 "수많은 사람의 노동 덕에 이 쌀을 먹을 수 있구나"라고 말합니다. 이 '수많은 사람의 노동'에는 갖가지 벌레를 밭에서 내쫓는 일도 포함됩니다. 그러니 살생하지 말라는 계율은 그냥 벌레를 죽이지 말라는 의미는 아니지요. 밥을 먹으면서 "수많은 사람의 노동 덕에 이 쌀을 먹을 수 있구나"라고 말할 때는 '살생하지 말라'는 계명을 인정하고 있는 거니까요. 벌레를 막느라 엄청난 노력을 들인 후에야 쌀밥을 먹을 수 있다 해도, '수많은 사람의 노동'이라 말할 때 느끼는 감정은 '살생하지 말라'라는 계명과 연결되어야 합니다.

우리는 여러 동물과 식물을 희생한 덕에 여기 이렇게 존재합니다. 여러분은 실존을 위해 언제나 뭔가를 희생하고 있지요. 이분법적 사고에 사로잡혀 있는 한 우리의 계율을 따를 수 없습니다. 수행을 하는 것은 이런 식의 이분법적 사고를 몰아내고 우리의 존재를 감사로 채우려는 것입니다.

실제로 "살생하지 말라"라고 말하는 건 아주 어리석습니다. 우리는 그렇게 말하면서 우리 삶에서 뭔가를 짚어내지요. 각 계율은 우리가 인생을 이해할 수 있는 관점을 제공합니다. '살생하지 말라' '도둑질하지 말라' '남의 허물을 끄집어내지 말라' 등의 계율은 다른 계율을 포함하고, 또 각 수행이나 의식도 서로를 포함합니다. 여러분은 여기에 존재한다는 실질적인 느낌을 위해서 계율을 지키고 좌선 수행을 해야 합니다.

'살생하지 말라'라는 계율에 "그럼요, 그럴 겁니다!"라고 말할 수도 있습니다. 원래는 아무것도 죽일 가능성이 없으니까요. 여러분은 뭔가를 죽일 수도 있다 생각하겠지만, 실제로는 그렇지 못합니다. 죽였다 생각하더라도 여전히 살아 있을 겁니다. 뭔가가 여러분의 몸을 떠났을 때, 여전히 살아 있습니다. 뭔가가 죽임을 당하는 일은 불가능합니다. 따라서 유일한 방법은 여러분이 먹고 지닌 모든 것에 감사하는 겁니다. 이것이 여러분이 이분법적으로 이해하지 않고 계율을 지키는 방법입니다.

어쩌면 '그러면 계율을 지킬 필요가 없겠네'라고 생각할지도 모릅니다. 그러나 그렇게 생각한다면 여러분은 자신의 존재와 실체 또는 여기서 살아 숨 쉬는 방식을 느낄 수 없습니다. 인생에서 아무런 감사나 기쁨도 누리지 못할 겁니다.

파리가 날아오면 아마도 파리를 잡아버리겠지요. 하

지만 여러분이 잘못 행동하고 있을 가능성에도 항상 대비해야 합니다. 밥을 먹을 때도 '아이고!'에 대비해야 합니다. 여러분은 밥을 건성으로 먹고 있는 것도 아니고, 마음속 깊은 곳에서부터 "수많은 사람의 노동 덕에 이 밥을 먹을 수 있어"라고 되뇌는 것처럼요. 맹세도 같은 방식으로 하면 됩니다. 인생을 사는 한 다른 방법이 없습니다.

수행이 그렇게까지 이르지 못한다면 그건 진짜 수행이 아닙니다. 언젠가는 사라질 육체에서 영원의 삶을 느끼는 방법이 바로 이것입니다. "수많은 사람의 노동"이라고 말할 때 이미 그곳에는 부처님이 계시고, 많은 일이 벌이지고 있어도 아무 일노 벌어지지 않습니다.

술을 마시지 말라

계율을 지키고 싶다면 술이 나타나기 전에 지키세요.

다섯 번째 계율은 '술을 마시지 말라' 혹은 '술을 담그지 말라'입니다. 거의 똑같은 이야기지만, 계율에서는 '술을 마시지 말라'라고 하지요. 사람을 취하게 만드는 술은 와인이나 위스키를 의미하는 게 아닙니다. 여러분을 들뜨게 만드는 가르침 역시 '술'입니다. 저는 여러분에게 이런 술을 권하는 게 너무 수치스럽지만, 저는 선사이기 때문에 말해야만 합니다.

도겐 선사는 "중독되지 말라. 술이 나오기 전에도 이 계율을 어겨서는 안 된다"라고 설명했습니다. 술이 없는데 어째서 술을 마시지 말라는 계율을 어기는 게 가능할까요? 마실 게 없는데, 어떻게 마실 수 있을까요? 도겐 선사는 술이 없어도 술을 마시지 말라고 말합니다. 그러나 우리는 술이 없을 때도 여전히 술을 마시고 있습니다.

'마실 게 없을 때조차 술을 마시지 말라.' 다섯 번째 계율을 그럴듯하게 해석해보았습니다. 실제로, 이미 가지고 있는 술을 마시지 않으려고 하면 이미 늦습니다. 여기에 있다면 마시고 말 테지요. 가장 중요한 핵심은 술이 없을 때 술 생각을 떠올리지 말라는 겁니다. 계율을 지키고 싶다면 술이 나타나기 전에 지키세요. 우리에게는 아주 소중한 조언입니다.

분노하지 말라

사소한 것들에 사로잡혀 있기에 쉽게 분노합니다. 진정한 선의 정신에 노력을 쏟는다면 쉽게 화가 나지 않습니다.

부처님은 우리가 분노하면 모든 미덕이 단번에 사라진다고 말했습니다. 분노는 가장 위험한 것입니다.

분노의 반대는 인내이고, 우리의 방식을 공부할 때는 인내를 가지는 게 중요합니다. 부처님은 인내의 지혜를 닦는 것이 계율을 지키는 것보다도 훨씬 중요하다고 말했습니다.

우리는 분노할 때 모든 것을 잃습니다. 중심을 잃지요. 공부하려고 선당에 왔지만, 누군가에게 화를 내면 길을 잃고 맙니다. 왜 선당에 왔는지 그 중심을 잃고, 당장 떠나버리고 싶은 기분이 들 게 뻔하지요. 5분 전만 해도 떠날 생각이 없었지만, 갑자기 마음이 바뀌어서 "떠나야겠어! 여기 있을 의미가 없어!"라고 생각해버립니다. 분노 때문에 이미 중심을 잃어버렸습니다.

우리는 한번 화가 나면 멈추기 어렵다는 걸 압니다. 일단 분노가 일면, 그 분노를 멈추기엔 너무 늦어버렸지요. 그래서 꾸준하고 끊임없는 수행이 필요합니다.

꾸준히 수행하기 위해서는 수행과 수행 사이에는 격차가 없어야 합니다. 즉, 좌선의 수행과 관대함의 수행, 그리고 계율 준수 간에는 아무런 차이가 없어야 한다는 의미입니다. 제대로 이해했다면, 이 모두가 하나의 수행을 이루는 면면이 됩니다. 수행과 수행 사이에는 아무런 격차도 있을 수 없습니다.

가끔 우리는 토막토막 이해하곤 합니다. "여기에 계율의 준수가 있어. 여기에 좌선이 있고, 여기에 관대함의 수행이 있네." 이런 식으로 이해하면 틈이 생겨납니다. 그러나 수행이 여러 얼굴을 가진 하나의 수행이라고 이해하면, 그 사이에 아무런 차이도 없습니다. 좌선과 일상생활, 일상생활과 좌선은 하나의 수행을 이루는 양면입니다. 그리고 이 둘에는 어떤 차이도 있어서는 안 됩니다. 이것이 우리가 이해하는 방식입니다.

우리의 방식은 꾸준한 인내입니다. 그러나 실제로는 인내를 수행할 필요가 없습니다. 참선 수행을 제대로 한다면 자연스레 인내할 수 있을 테니까요.

우리는 분노, 불신, 아니면 사람들 사이의 부정적인 감정처럼 갑작스레 나타나는 것들 때문에 길을 잃어서는 안 됩니다. 우리는 우리가 왜 여기에 있는지를 언제나 의식해야 합니다. 이것이 수행에서 가장 중요한 부분입니다. 언제나 수행의 목표를 기억해야 합니다. 포기해서는 안 됩니다.

우리는 일상을 즐기지만, 언제나 그럴 수는 없을 거예요. 어느 순간 별로 마음에 안 드는 일이 생길지도 모르지요. 무슨 일이 언제 생길지 알 수 없지만 뭔가 생기긴 생길 겁니다. 그럴 경우 실제로 어떤 수행을 하고 있는지 알아야 합니다. 좋아하지 않는 일이 생겼을 때 도망가버리지 마세요.

에이헤이지 선원에서 저는 대지진을 겪었는데, 참선을 공부하러 온 사람들이 그곳에 있었습니다. 이들은 지진을 느끼는 순간 도망가버렸지요. 하지만 한 사람, 보기에는 아주 평범한 수행자처럼 보이던 그 사람은 아무 말 없이 선원에 남아 우리를 도왔습니다. 수행은 그래야만 합니다. 사소한 것들에 사로잡혀 있기에 쉽게 분노합니다. 진정한 선의 정신에 노력을 쏟는다면 쉽게 화가 나지 않습니다.

제가 불교대학에 있을 때, 총장님은 언제나 우리에게 사람들이 하는 일에 개의치 말고 우리가 하는 일에 관심을 가져야 한다고 말했습니다. 그는 우리가 하늘과 땅의 친구가 되어야 하고, 가장 먼저 수행과 친구가 되어야 하지만, 사람의 친구가 되어서는 안 된다고 말했습니다. 이해하기 어려웠지요. "사람의 친구가 되어서는 안 됩니다. 여러분의 친구는 하늘과 땅이에요." 그는 이렇게 말했습니다.

이제 저는 그 말뜻을 이해합니다. 수행이 하늘과 땅을 아우르는 진짜 수행일 때, 그게 참선 수행이 됩니다. 우리가 인간세계에서 겪는 혼란에 휘말려서는 안 됩니다. 아주 심각한 문제이지요. 우리가 사소한 일에 분노하면, 우리 방식대로 수행할 시간이 없어집니다. 이런 일이 연달아 벌어지니까요. 이 점을 기억하고 사소한 일에 걸려들지 말아야 합니다. 이것이 꾸준한 인내의 가르침, 또는 수행의 중도입니다.

부록 2

스즈키 순류의 삶

제게는 불교를 학문적으로 공부할 시간이
그리 많지 않았습니다.
좌선 수행을 할 시간조차 많지 않았지요.
저는 일상을 보내느라 분주히 지냅니다.

스즈키 순류와의 만남

스즈키 미쓰

"마누라감이라도 찾으러 오셨나요?" 나는 스님을 짓궂게 놀렸다. 스즈키 순류에게 건넨 첫마디였다.

1949년 일본, 더운 여름날, 주임 교사를 맡고 있던 어린이집으로 돌아가는 길에 친구와 마주쳤다. 그녀는 수녀처럼 검은색 옷을 차려입고 복도에서 점심 도시락을 먹고 있었다.

"안녕, 쓰네코?" 내가 인사를 하자 그녀가 대답했다.

"마쓰노(스즈키 미쓰의 결혼 전 성), 내가 스님 한 분을 모셔

왔어."

"마누라감이라도 찾으러 오셨나요?"

나는 스님을 짓궂게 놀렸다. 스즈키 슌류에게 건넨 첫 마디였다.

쓰네코는 웃음을 터트리며 말했다.

"아니, 아니, 우리 스님한테는 훌륭한 아내가 있으셔."

"그러면 여기 왜 오신 거야?" 나는 쓰네코에게 물었다.

"이번에 유치원을 여셨는데 주임교사를 못 구하셨나 봐. 우리 아빠는 네가 딱 적합할 거라고 생각하셨어. 그래서 널 소개해주려고 왔지."

"죄송해요. 하시반 그렇게 쉽게 직장을 바꿀 수는 없어요. 평생 이 어린이집에 헌신하기로 했거든요. 전쟁 동안에도 이곳이 사라지지 않게 목숨을 걸고 지켰답니다."

이후 사흘마다 스님은 승려모를 쓰고 나막신을 딸그락거리며 나를 찾아왔다. 이글거리는 햇빛을 가리는 커다란 검은 우산도 쓰고 있었다. 나는 혼잣말을 했다. "저 스님은 나한테 물어보려고 또 나타나시겠지. 하지만 나는 직장을 옮기고 싶지 않아."

이런 일이 몇 달 동안 이어졌고, 나는 매번 거절했다.

그리고 그는 포기하지 않았다. 그는 딱 한 번만 와서 유치원을 둘러보라고 우겼고, 결국 나는 야이즈焼津시의 항구로 향했다.

"제가 어떻게 불교 유치원에서 도울 수 있을까요? 저는 기독교 신자인데요."

여행길에서 내가 묻자 스즈키가 말했다.

"무신론자보단 낫지요!"

그 이후 나는 도키와유치원의 주임교사가 됐다.

매일 아침 스즈키는 산자락에 자리한 절인 린소인에서 시내에 있는 유치원까지 출근했다. 아이들이 오기 전에 유치원 선생님들과 찬찬히 산책을 하고, 커다란 놀이방에 모신 불상 앞에서 《수정의修証義》(도겐 선사가 중국에서 돌아온 후 지은 불교사상서인 《정법안장》의 요약본 - 옮긴이)를 읽었다. 그러고 나면 우리에게 몇 마디 지시사항을 전달했다. 출근 첫날부터 스즈키는 나에게 특별한 임무를 내렸다. 유치원 일은 잠시 제쳐 두고, 이웃 마을에서 자기 스승인 기시자와 노사가 강연할 때마다 그것을 들으러 가라는 것이었다. 당시 30대였던 나는 청중 가운데서 유일한 젊은이였다. 그러나 내 공식 업무였던 만큼 맨 앞에 앉아서 노사의 강연을 열심히 들었다.

나는 스즈키의 아내가 둘째 아들 오토히로를 유치원에 데려온 날 그녀를 만났다. 그녀가 갑자기 세상을 떠난 후에 절의 스님들이 스즈키에게 이 여자 저 여자를 소개하며 재혼을 권했다. 그의 장모는 여전히 절에 머물렀는데, 훗날 듣기로는 "우리 스즈키 씨는 마쓰노 씨 아니면 결혼하지 않을걸세"라고 말씀하셨다고 한다.

한번은 스즈키가 여행을 하던 중 어린 여자아이가 기차역에서 뭔가를 요구하며 요란하게 우는 모습을 보았다. 초라한 옷차림을 한 아이의 엄마에게는 어찌해볼 방법이 전혀 없었다. 스즈키는 자기 주머니를 털어 여자아이가 원하는 것을 사줬지만, 다음 순간 자기가 기차표를 살 돈까지 써버렸음을 깨달았다. 그는 야이즈역 역장에게 전화를 걸어 기차표를 후불로 구해달라고 부탁해야 했다. "세상에, 이런 일은 처음이에요"라고 역장이 투덜댔다고 한다.

1958년, 스즈키는 미국 샌프란시스코의 일본계 미국인들을 위해 지은 소코지의 주지승으로 지내게 됐다. 400명의 가족을 거느린 린소인을 떠나기는 쉽지 않았다. 그러나 그는 제안을 받아들였고 미국 비자를 신청했다. 스즈키와 나는 그해 가을 린소인에서 결혼했다. 그는 1959년 초에 샌프란시스코로 떠났다. 나는 야이즈에 머물면서 절과 두 곳의 유치원을 관리했다.

샌프란시스코 소코지에서는 비트세대였던 비일본계 미국인들도 스즈키와 함께 좌선을 시작했다. 그는 이 사람들을 가르치기에 3년이 너무 짧음을 깨달았고, 내게 미국으로 와달라고 부탁했다. 우리는 2년을 떨어져 지낸 끝에 다시 만났다.

내가 미국에 도착한 직후 절의 회계 담당자가 내게 말했다. "우리가 스즈키 씨께 드린 수표들에 무슨 문제가 있나 싶어요. 지금까지 현금으로 바꾸신 적이 없네요. 분명 어딘가에 넣어두고 잊으셨나봐요." 그래서 나는 그의 책들을 뒤졌고 일부는 찾아냈다.

회계 담당자가 말했다. "다행이네요. 이제부턴 사모님께 수표를 드릴게요."

절 옆에는 할머니가 운영하는 식료품점이 하나 있었다. 스즈키는 거기서 시들시들한 무를 사곤 했다. 할머니가 마침내 물었다. "여기 신선한 무도 있어요. 그걸로 가져가지 그러세요?"

그는 말했다. "신선한 무는 어찌 됐든 팔릴 테니까요."

아침 좌선 후에 스즈키는 곧장 작업복으로 갈아입었다. 학생 몇몇은 아침 식사를 하러 머물렀다. 소코지에서 내가 주로 맡은 일은 쌀겨 반죽으로 간을 한 채소절임을 만드는 것이었다. 또, 일본어를 하는 절 식구들에게 차와 함께 내어줄 간식으로 온갖 콩 종류를 요리했다. 스즈키는 가끔 이 사람들과 차를 마셨다. 가끔은 양초를 재활용했는데, 아마도 그가 고안해낸 방식일 것이다. 절의 부엌에서 그는 다 쓴 양초를 다시 녹여서 찻잎 통에 부었다. 그러나 대부분의 시간 동안 그는 영어를 사용하는 제자들을 위해 매주 수요일 저녁에 열리는 강연을 준비했다.

강연에서 빨간 베레모를 쓴 노인이 맨 앞줄에 앉아 스즈키의 문법 실수를 그 자리에서 고쳐주었다. 나는 맨 꼭대기 좌석에서 청중을 몰래 훔쳐보면서, 그가 일주일 동안 준비한 결과물을 어떤 사람들이 어떻게 누리는지 살펴보았다. 청중이 한두 명밖에 없을 때는 아쉬워하며 말했다. "스즈키 씨, 열 명쯤 왔으면 좋았을 텐데요." 그는 이렇게 대꾸했다. "한 명이나 백 명이나 차이가 없어요."

그는 소코지 건물 지하에 있는 바둑 모임에 참석하게 될 뻔하기도 했다. "이 문을 열었다가는 바둑에 중독될지도 몰라." 그는 결코 그곳에 발을 들이지 않았고, 그토록 좋아하던 바둑돌을 다시는 만지지 않았다. 나는 그가 맹인 검객 자토이치에 관한 영화를 보면서 펑펑 울던 것도 기억한다.

하루는 스즈키가 집에 오더니 웃으며 말했다. "내가 당신을 위해 멋진 걸 가져왔어요."

"뭔데요?" 나는 이렇게 말하며 봉지를 열어보았다. 다도를 가르쳐주는 책이었다.

"나 같은 유치원 선생님이 어떻게 이런 걸 배워요? 나는 너무 서툴러요."

"시간 있을 때 한 번 봐봐요."

아마도 그는 자기가 세상을 떠나고 난 뒤에 내 생계를 책임지기에 다도를 가르치는 일이 적격이라고 생각했던 모양이다. 그리고 지금 내가 하고 있는 일이 그것이다. 그 책은 그가 평생 내게 사준 유일한 선물이었다.

그는 아이들을 좋아했다. 한번은 타사하라에 있는 목욕탕에 갔는데, 어린이들 여럿이 스즈키가 하는 대로 뒷

짐을 지고 그의 뒤를 졸졸 따라다니기도 했다.

사미승 시절 그는 밥을 빨리 먹도록 훈련받았다. 그는 결코 수다 떠는 일이 없었다. 언젠가 내가 그에게 저녁을 먹은 후 남아서 나와 수다를 떨자고 부탁했는데도 그는 자리에서 일어나 팔짱을 끼고 자기 방으로 물러가버렸다. "미안해요. 수다를 떨 시간이 없네요."

"항상 무슨 생각을 해요?" 내가 묻자 그는 대답했다.

"미국의 불교에 대해서요. 미국에서 불교가 퍼질 수 있을지, 그리고 어떻게 하면 될지를요."

"그게 다예요?"

"네, 그냥 그거 하나요."

그는 너무 외골수라서, 나는 그의 관심을 끌 수 있는 것을 생각해내려 애썼다.

하루는 이렇게 말해봤다. "저 남자친구 생겼어요."

그러자 그가 대답했다. "그 남자 데려오세요. 그 남자가 당신에게 걸맞은 사람인지 확인하고 싶어요."

그가 아팠던 날, 나는 "오늘 아침은 좌선을 쉬는 게 어때요?"라고 물었다. 그는 모두가 자기를 기다릴 거라 쉴 수 없다고 말했다. 그러나 그는 사람들에게 좌선이 끝난 후에 말을 걸지 말아 달라고 부탁하고, 화장실로 서둘러 뛰어가야만 했다.

1971년 3월, 담석 때문에 대수술을 받은 스즈키는 타사하라에 간절히 가고 싶어 했다. 그는 7월 한 달 동안 그곳에 머물렀다. 자기 키보다 긴 삽을 이용해 오두막 옆에 정원을 가꾸었고, 그의 몸은 온통 땀에 젖어 기진맥진해졌다. 나는 그에게 고함을 질렀었다. "스즈키 씨! 지금 당신은 자기 목숨을 갉아먹고 있어요!"

"내가 내 목숨을 갉아먹지 않으면, 제자들이 성장하지 못할 거예요."

그래서 나는 다시 소리쳤다. "가서 명이나 단축하세요. 그게 당신이 원하는 거라면요."

내가 미국에 온 이유

스즈키 슌류

제가 이곳에 일으키고 싶은 건 순수한 모습의 불교입니다.

오늘 저는 제 개인적인 과거사를 이야기하려 합니다. 왜 제가 승려가 됐고 어째서 미국에 왔는지에 대해서요.

아버지는 승려였습니다. 그리고 아버지의 절은 아주 가난했지요. 우리는 몹시도 힘겨운 세월을 보냈어요. 저희 아버지는 제게 더 좋은 옷을 입히고 싶어도 그럴 만한 돈이 없었지요.

아버지가 양초를 만들던 기억이 납니다. 저는 미국에 왔을 때 쓰다 남은 양초의 밀랍으로 양초를 만들었지요. 양초를 팔려고 만드는 사람은 없지만, 그는 양초를 대량으로 만들어서 팔았습니다. 그는 우리 절 근처에서는 양초를 팔지 않았지만, 대략 7, 8킬로미터 떨어진 곳에 있는 오이소大磯시까지 갔지요. 이 이야기만 들어도 우리가 얼마나 가난했는지 알 겁니다.

하카마袴를 아시나요? 우리는 기념행사가 있을 때 통이 넓은 전통 의상인 하카마를 입습니다. 어린아이들도 하카마를 입는데, 저는 그게 한 벌도 없었어요. 그래서 학교에서 열린 행사에 하카마도 없이 참석했지요. 기분이 좋지 않았습니다. 하카마를 입지 못했으니까요. 그런데 어찌 된 일인지 아버지는 제게 하카마를 사주셨어요. 제 친구들이 입은 모습 그대로 하카마를 입고 나타나자 아버지가 말씀하셨어요. "그건 올바른 방법이 아니란다. 이렇게 입어야 해. 이런 식으로 묶어야 하지." 사실 그 누구도 하카마를 그런 식으로 입지 않았어요. 너무 구식이었으니까요.

우리 절에는 커다란 대문이 있었습니다. 그 문을 나서

자마자 저는 하카마를 풀어 제 친구처럼 매듭을 묶었지요. 아버지가 저를 보고 있는 줄은 몰랐어요. 아버지는 몹시도 화가 나셨고, 하카마를 다시 풀어 정석대로 묶어 주셨어요. 아버지는 성질이 불같은 분이었습니다. 저는 아버지가 저를 쫓아 절에서 나올 때 몽둥이 같은 걸 쥐고 있던 걸 보았고, 도망치기 시작했지요. 아버지는 정말로 큰마음 먹고 저를 위해 하카마를 사주셨는데, 저는 아버지에게 제대로 감사할 줄 모르고 제멋대로 하카마를 풀어서 바꿔 묶었던 거지요. 그래서 아버지가 그리도 화가 나셨던 것 같습니다. 그때 어떻게 느끼셨을지 이제는 이해가 갑니다.

승려들이 겪었던 이런 어려움의 배경에는 당시 정부의 정책이 있었습니다. 아버지가 태어났을 당시 대부분의 불교 사찰들이 정책에 따라 파괴되었습니다. 절의 재산은 신사神社에 바쳐야 했죠. 메이지시대 전에는 신사와 불교 사찰이 같은 곳에 있어서, 불교 승려들이 신사를 돌보기도 했는데, 이후에는 정부의 정책에 따라 신도가 국교가 되었습니다. 그래서 불교 승려들은 당시 재산을 거의 잃었지요.

아버지는 여러 절에서 일어날 일들을 제게 들려주었습니다. 예를 들어, 우리 절 근처에는 하타산 신사라는 대형 신사가 있었습니다. 하타산 신사의 모든 재산은 한때 근처의 작은 절이 소유했던 것들이었습니다. 원래는 신사를 관리하던 절이었지요. 그러다 재산의 명의는 모두 신사의 것으로 바뀌었고, 신사 사람들은 절의 정문을 지키고 있던 인왕상仁王像들을 부숴버렸습니다. 이렇게 절이 신사로 바뀌었습니다. 이런 일들이 일본 전역에서 일어났습니다.

신사 사람들은 절의 물품들을 모아 불에 태웠습니다. 당시 그 지역을 관리하던 하야시라는 도지사는 그것들을 땔감으로 삼아 목욕물을 데우고는 이렇게 말했다 합니다. "절의 물건들로 데운 물로 씻으니 좋구나."

오랫동안 절을 돌봐왔던 한 노인이 그에게 말했습니다. "부처님의 자비 덕일 겁니다. 부처님은 다정하셔서 지사님을 위해 특별한 목욕물을 만들어주셨지요." 그러자 도지사는 갑자기 그 말이 두려워졌다고 합니다.

일주일 후 도지사는 눈이 멀고 말았습니다. 사람들은 그가 불교도들을 지나치게 탄압해서 그랬다고 말했습니다다. 그는 불교의 힘을 두려워하게 됐고, 신사에 가서 눈을 낫게 해달라고 빌었습니다. 매일 그는 뜨거운 물로 목욕을 하고 눈이 낫게 해달라고 기도했지요.

이건 당시 사람들이 수군대던 유명한 이야기입니다. 저는 아주 어렸을 적에 이런 이야기를 흥미롭게 들으며 자랐지요.

친구들은 가끔 저를 놀렸습니다. 저는 이발소에 갈 돈도 없었고 아버지는 가위를 살 돈이 없었습니다. 그래서 제 머리를 면도날로 밀어주셨지요. 면도한 머리로 나타날 때마다 친구들은 제 머리를 찰싹 때리고 만지면서 저를 놀렸습니다. 그래서 제 학교생활은 그다지 즐겁지 않았어요. 운동장에서 친구들과 노는 것보다는 교실에 남아 있는 게 나았지요.

제가 승려가 되겠다고 마음먹은 순간이 그때였던 것 같습니다. 저는 훌륭한 승려가 되어서 사람들에게 불교가 무엇인지, 무엇이 진리인지 알려주고 싶었습니다.

저희 선생님은 제게 어떻게 해야 훌륭한 사람이 될 수 있는지 말씀하곤 했지요. "고난의 시기를 거치지 않고는 그 누구도 훌륭한 사람이 될 수 없단다"라고 말씀하셨어요. 또, 제가 살던 가나가와현 사람들은 도쿄에 가서 열심히 공부하고 싶어 하지 않아서 훌륭한 사람이 별로 없다고도 했습니다. 사람들은 현 밖으로 나갈 만큼 용기가 없었던 거지요.

선생님은 늘 말씀했습니다. "성공하고 싶다면 이곳을 떠나야 한단다." 그래서 저는 떠나기로 결심했습니다. 그러고는 어디로 가야 할지 고민했습니다.

1년에 두세 번은 아버지의 제자였던 승려가 절을 찾아오곤 했습니다. 저는 그분을 잘 알고 참 좋아했기 때문에, 저를 그분의 절로 데려가달라고 부탁했지요. 그분은 놀라워하며 허락했습니다. 저는 아버지께 그분을 따라 시즈오카현으로 가도 될지 물었습니다. 아버지가 허락해 주었고 저는 열세 살에 스승을 따라 집을 나섰습니다.

물론 스승님의 절에서 아주 힘겨운 시간을 보냈지요. 그 절의 수련을 따라가기에는 너무 어렸습니다. 제가 절에 도착하던 당시 100일 수련이 진행되고 있었습니다. 승려 일고여덟 명이 특별수련을 하며 새벽마다 일어나 좌선과 독경을 했습니다.

거기서 오카 소탄 노사와 그 제자 오카 규가쿠를 만났

습니다. 저는 그 사람들이 그렇게나 유명한 줄은 몰랐지만, 어쨌든 운이 좋았지요. 오카 노사는 여러 학자와 승려, 선사들을 가르쳤던 조동종의 중요한 인물입니다. 야스타니 노사의 대스승은 오카 노사였고, 제 스승의 스승도 오카 노사였으며, 이토 교수의 스승 역시 오카 노사였습니다. 많은 스승들이 오카 노사의 밑에서 탄생했습니다. 제가 거기에 있던 건 행운이었고, 그분들 덕에 용기를 얻었습니다.

저는 너무 어렸기에 꼭 일찍 일어나지 않아도 됐지만, 그래도 저는 일찍 일어나려고 애썼습니다. 가끔은 너무 졸려서, 그냥 침대에 누워 경전을 암송하는 소리를 들었습니다. "관자재보살 행심반야바라밀다시……." 이게 제가 처음으로 외운 구절이었습니다. 나이가 어릴 때는 듣기만 해서 경전을 암송하는 게 꽤나 쉬웠습니다. 지시도 필요 없지요. 아무도 《반야심경》을 외우는 법을 알려주지 않았지만 외울 수 있었습니다.

당시에는 승려와 불교도, 어린 사미승을 놀리는 사람이 많았습니다. 정부의 근본적인 종교정책은 불교를 차별하고 신도를 지원하는 것이었어요. 그런데 이것이 아마도 당시 아주 훌륭한 선사들이 탄생한 이유일 겁니다. 당시 불교도들은 직접적이든 간접적이든 큰 고통을 받았습니다. 저는 그때까지 저를 나쁘게 대했던 사람들에게 화가 났습니다.

제가 승려가 된 이유가 여기에 있다고 생각합니다. 제가 미국으로 온 이유이기도 합니다. 왜 우리가 어려운 시간을 보내고 있는지 공부하고 배우면서, 저는 사람들을 향한 적대감을 흘려보낼 수 있었습니다. 그 사람들에게 더 이상 적대적인 감정을 느끼지 않았지요. 그다음 문제는 어떻게 해야 이들에게 불교를 이해시키는가였습니다. 저는 그게 거의 불가능하다는 걸 깨달았지요. 거의 포기했었습니다.

저는 해외로 가기로 결심했습니다. 미국 같은 곳에 갈 수 없다면, 아직 불교가 잘 알려지지 않은 홋카이도로 가야겠다고 생각했답니다. 학교를 졸업하고 저는 스승님에게 미국에 가도 되겠는지를 물었고, 스승님은 안 된다고 했습니다. "그러면 홋카이도는 어떤가요?" 이렇게 묻자 스승님은 몹시도 화가 나버렸습니다. 거기에는 분명 이유가 있었겠지요. 또, 스승님이 저를 매우 사랑한다는 걸 알고 있었습니다. 그래서 외국으로 가려는 계획을 포기할까도 생각했습니다.

그러나 제 마음이 바뀌지를 않더군요. 스승님이 제게 시키신 일을 모두 끝낸 후 저는 미국으로 왔습니다. 비록 이렇게 나이가 들었는데도요. 학교에서 배웠던 영어를 거의 다 잊기도 했지요.

어쨌든 저는 1959년 샌프란시스코에 도착했습니다. 저는 이곳에서 불교를 잘 모르는 여러 학생을 만나 매우 행복합니다. 여러분은 불교가 뭔가 좋은 가르침이라고 생각하고 있지요. 그래서 저는 정말 행복합니다. 여러분도 불교에 대해 선입견을 갖고 있었다면, 여러분은 불교를 이해하지도, 수행을 하지도 못했을 겁니다.

저는 불교의 옛 스타일에 아주 비판적일 수 있습니다. 저는 왜 사람들이 불교를 싫어하는지 항상 궁금했고, 불교의 방식을 크게 비판했었습니다. 한편으로 불교의 방식에 부정적인 감정도 많았지만, 한편으로는 진짜 불교가 무엇인지도 알고 있습니다.

제게는 불교를 학문적으로 공부할 시간이 그리 많지 않았습니다. 좌선 수행을 할 시간조차 많지 않았지요. 저는 승려로서 일상생활을 하느라 분주히 지냅니다.

제가 이곳에 일으키고 싶은 건 순수한 모습의 불교입니다. 뭔가 순수하고 독창적인 것을 공부하면서 망가지고 사기가 떨어진 소위 '정통' 불교의 방식을 완전히 잊기는 어렵지만, 그래도 그렇게 할 때 행복할 것입니다. 일본에서 볼 수 있는 불교는 정부 정책과 같이 다양한 요소들이 만들어낸 결과입니다. 어떤 사람들은 불교의 영향력을 자신을 위해 사용합니다. 그리고 불교계의 권력자들이 불교의 나쁜 면들을 만들어냈지요. 그러니 여러 일본인이 불교에 반감을 가지는 게 당연합니다. 그러나 불교의 방식을 아는 사람들이 그리 많지 않은 이곳에서는 불교를 본래의 형태로 회복시키는 게 오히려 쉽습니다.

바로 지금 저는 불교를 더 깊고 넓게 공부하지 않은 것이 후회스럽습니다. 그러나 여러분은 우리의 방식을 더 자유롭고, 더 깊고, 더 넓게 공부할 거라 생각합니다. 그게 제 희망 사항입니다. 저는 그렇게 할 수 없겠지만, 제 후손들은 해내겠지요. 이런 것이 우리 시대 승려와 선사들이 느끼는 감정입니다. 저뿐 아니라 제 또래 승려들은 거의 모두 그렇지요.

여러분을 응원하는 사람들을 많이 만드십시오. 여러분이 자기 자신이나 명예, 또는 사익을 탐하는 생각을 위해서가 아니라 불교만을 위해 공부할 만큼 진지하고 순수할 수 있다면, 그리고 불교와 진리를 위해 공부한다면, 많은 지지자가 생겨날 겁니다. 미국인들뿐 아니라 세계의 모두가 여러분을 지지하겠지요. 지금 당장 성공하지 않았어도 수많은 친구를 사귀게 될 거라 생각합니다. 저는 확신합니다.

Becoming Yourself

감사의 말

이 책은 수십 년에 걸쳐 스즈키 슌류의 생생한 수행을 지키고 알리며, 음성과 강연록에 담긴 그의 가르침을 남겨온 여러 사람의 노력이 아니었다면 나올 수 없었을 것입니다. 이름이 알려졌든 아니든 간에 그의 가르침과 삶의 방식을 현재까지 전하기 위해 노력한 모두에게 큰 빚을 졌습니다.

특히나 소순 노사가 스즈키 노사의 강연을 담은 새 책을 수집하고 편집하는 일에 저를 초청해주지 않았다면 이 책은 영영 빛을 보지 못했을 것입니다. 이 책에 담긴 가르침과 불법을 바탕으로 한 우정에 큰 인사를 올립니다. 우리의 삶을 통해 그의 자비가 드러나기를 바랍니다.

이 책을 준비하면서 저는 데이비드 채드윅이 꼼꼼하게 구축한 스즈키 노사 아카이브 웹사이트 'cuke.com'과, 인게이지 위스덤Engage Wisdom의 자료, 찰리 윌슨과 슌도 데이비드 하예, 웬디 피어시그, 피터 포드 등의 노고에 크게 의지했습니다. 누구든 스즈키 노사의 가르침을 더욱 파고들고 싶다면 이 훌륭한 온라인 자료를 찾아보길 권합니다.

스즈키 노사 아카이브는 1959년부터 지금까지 많은 사람들의 협업으로 이뤄졌습니다. 강연을 기록하고 저장하고, 글로 옮기고 검증하고 디지털화하고 편집하며, 보존과 정렬, 색인화까지 작업한 이들이 많습니다. 기록이 사라진 부분들도 있고, 또 이름을 알리지 않고 도움을 준 이들도 많습니다. 무명의 공헌자들에게도 깊이 감사드립니다.

아카이브에 실린 거의 모든 강연록은 호세 에스코바와 빌 레디컨의 손을 거쳤다는 걸 꼭 언급하고 싶습니다. 또, 아카이브에 기록된 바처럼 조앤 애머럴, 에드 브라운, 데이비드 채드윅, 나이젤 에드먼즈, 브라이언 파이크스, 조 게일스키, 고든 가이스트, 주디 길버트, 세라 헌세이커, 케트린카 맥키, 신슈 로버츠, 제프리 슈나이더, 캐서린 실즈, 타냐 태칵스, 캐서린 타나스, 애덤 팅크엄, 데이나 벨든, 스티브 바인트라우브, 마이클 벵거, 그리고 앞서 언급한 인게이지 위스덤 팀이 이 책에 쓰인 강연록을 작성하고 관리해주었습니다.

이 책에 실린 여러 강연록은 샌프란시스코 선 센터 정기간행물 《윈드벨》에 먼저 실린 바 있습니다. 일부는 원본 자료 대신 《윈드벨》 판을 기준으로 편집했습니다. 그래서 1960년대 이후 발행된 《윈드벨》 팀에게 감사의 말을 전합니다. 이 책과 관련해 자문을 구했던 《윈드벨》 발간호의 편집장은 리처드 베이커, 에드 브라운, 웬디 루이스, 피터 슈나이더, 로리 실리 시너케, 그리고 마이클 벵거 등입니다. 마찬가지로, 《윈드벨》 해당 발간호의 편집자나 기고자는 렙 앤더슨, 빅토리아 오스틴, 피터 베일리, 리처드 베이커, 팀 버클리, 톰 카바르르가, 로잘리 커티스, 트루디 딕슨, 노먼 피셔, 사일러스 호들리, 웬디 존슨, 빌 레인, 로버트 라이틀, 론 니베르딩, 찰리 포코니, 이본 랜드, 빌 레디컨, 류 리치몬드, 코카이 로버츠, 로리 실리, 제프리 슈나이더, 타냐 태칵스, 캐서린 타나스, 데이나 벨든, 소준 멜 와이츠먼, 마이클 벵거, J.J. 윌슨 등입니다.

스즈키 노사의 강연록을 편집해준 이들 외에도 마이클 맥코드와 소잔 밀리올리, 스즈키 노사의 아들과 손자인 호이츠 스즈키 노사와 슌고 스즈키 등 샌프란시스코

선 센터의 지도자들이 힘써 지지해주지 않았다면 이 책이 나오지 못했으리라 생각합니다. 큰 감사 인사를 보냅니다.

이 책에서 내가 맡은 역할에 도움을 준 분들께도 개인적으로 감사드립니다. 내 담당 에이전트인 린지 에지컴, 편집자 제이콥 서핀은 인내와 애정을 담아 한결같이 훌륭한 통찰을 보여주었습니다. 책의 여러 부분을 세심히 리뷰해주고 특히나 손볼 곳이 넘쳐나던 초고를 검토해준 로리 시너케에게도 감사드립니다. 호잔 앨런 시너케는 소준 노사가 세상을 떠난 이후에도 이 프로젝트를 끊임없이 지지해주었습니다. 존 쿨리와 혼도 데이브 러츠먼은 편집 면에서나 정신적으로나 큰 도움을 주었습니다. 또, 소준 노사에게 저를 프로젝트에 초청하라고 권해준 에드 새티잔에게도 커다란 마음의 빚을 졌습니다. 소코지와 콜롬비아 메데인의 불자들에게도 감사하고 싶습니다. 이들은 나와 함께 스즈키 노사의 강연을 공부했고, 덕분에 내가 그의 가르침을 더 깊이 이해하는 데에 소중한 도움이 되었습니다.

마지막으로 항상 나를 독려해준 프랭크와 더스티에게

감사합니다. 무엇보다도, 변함없이 나를 믿어주고 스즈키 노사와 소준 노사의 방식을 명쾌하고 생생하게 이해하는 아내이자 도반인 세라에게 감사합니다. 세라는 이 책과 제 인생을 헤아릴 수 없는 방식으로 지지해주었습니다.

지류 러츠먼-바일러

출처

어떤 문서든지 말을 글로 매끄럽게 옮겨 담는 작업은 고된 일입니다. 스즈키 노사의 글을 옮기는 것은 더욱 그랬습니다. 그의 언어는 문장구조가 독특하고, 도입부는 예상을 벗어나며, 이야기가 옆으로 새거나 가끔은 표현이 우스꽝스럽게 바뀌곤 합니다. 전작 《초심선심》에 실린 것처럼 쉽고 재밌게 읽을 수 있도록 하기 위해 상당한 수정이 필요했습니다. 그의 강연록을 다루는 일은 편집보다는 번역처럼 느껴졌고, 문장 하나, 문단 하나마다 고민과 결정이 필요했습니다. 그러자 보니 이 책에는 편집한 사람의 해석이 들어가는 부분이 존재합니다. 애매모호한 표현들을 여기저기 들어냈고, 불분명하게 남겨져도 좋았을 부분을 명료하게 밝혔습니다. 물론 그 반대의 작업도 했지요. 게다가 기존에 발간된 스즈키 노사의 강연들을 더 긴 강연록에서 발췌하기도 하고, 아니면 장시간 진행된 강의 하나의 여러 부분이 여기저기 분산되어 있어서 이를 덕지덕지 이어 붙이기도 했습니다. 이 모든 것들을 고려해서, 책을 읽다가 감명 받거나 호기심이 생긴 독자들에게는 위해 내용의 출처를 안내합니다. 녹음이나 강연록을 온전한 원본으로 찾아보고 스즈키 노사가 전하려던 의미를 직접 파악해보는 것도 좋은 일입니다.

다음은 이 책의 각 장에 사용된 내용의 출처입니다. 모든 자료는 앞서 언급한 스즈키 노사의 온라인 아카이브에서 찾아볼 수 있습니다.

1장 그저 앉아서 진정한 나를 만나라

먼저 느낌을 나누세요

1970년 3월 1일, 캘리포니아 라혼다, UC버클리 루이스 랭커스터 교수의 학생들에게 한 설법(이하 '라혼다'). 《윈드벨》 Vol. 34(2a), 2000. 소준 멜 와이츠먼과 지류 러츠먼-바일러 편집.

온몸에 주의를 집중하기

1971년 6월 12일, 샌프란시스코 선 센터에서 한 설법(이하 '선 센터'). 소준 멜 와이츠먼과 지류 러츠먼-바일러 편집.

만물을 아우르며

1971년 6월 19일, 선 센터. 소준 멜 와이츠먼과 지류 러츠먼-바일러 편집.

그저 앉아서 진정한 나가 된다는 것

1969년 7월 24일, 캘리포니아 몬테레이카운티 타사하라 젠 마운틴 센터에서 한 설법(이하 '타사하라'), 《윈드벨》 Vo.l 7(3-4), 1968. 소준 멜 와이츠먼과 지류 러츠먼-바일러 편집.

당신이 누군지 알아내려 애쓰지 마세요

1971년 2월 7일, 선 센터. 소준 멜 와이츠먼과 지류 러츠먼-바일러 편집.

마음을 헤아리며

1967년 9월 8일, 타사하라, 《윈드벨》 Vol. 29(1). 소준 멜 와이츠먼과 지류 러츠먼-바일러 편집.

자기 자신을 찾아서

1971년 2월 7일, 선 센터, 《윈드벨》 Vol. 12, 1973. 소준 멜 와이츠먼과 지류 러츠먼-바일러 편집. 《벽암록》 제18칙을 언급.

다른 사람의 생각에 휘둘리지 마세요

1971년 2월 7일, 선 센터. 소준 멜 와이츠먼과 지류 러츠먼-바일러 편집.

본래 있는 마음

1965년 7월 29일, 샌프란시스코 소코지에서 한 설법(이하 '소코지'). 소준 멜 와이츠먼과 지류 러츠먼-바일러 편집.

위대한 현자는 바로 여러분 자신입니다

1971년 7월 12일, 선 센터, 《윈드벨》 Vol. 35(1), 2001. 소준 멜 와이츠먼과 지류 러츠먼-바일러 편집.

승복을 입는 일에 대해

1971년 6월 19일, 선 센터. 소준 멜 와이츠먼과 지류 러츠먼-바일러 편집.

자신을 돌보세요

1971년 2월 27일, 선 센터. 소준 멜 와이츠먼과 지류 러츠먼-바일러 편집.

있는 그대로

1970년 12월 20일, 선 센터. 소준 멜 와이츠먼과 지류 러츠먼-바일러 편집.

분노에 관한 문답

1968년 7월 24일, 타사하라, 《윈드벨》 Vol 7(3-4), 1968. 소준 멜 와이츠먼과 지류 러츠먼-바일러 편집.

좌선에 관한 문답

1970년 3월 1일, 라혼다, 《윈드벨》 Vol. 34(2a), 2000. 소준 멜 와이츠먼과 지류 러츠먼-바일러 편집.

2장 일상에서 만나는 선

어울려 살아가는 것

1967년 9월 8일, 타사하라, 《윈드벨》 Vol. 29(1), 1995. 소준 멜 와이츠먼과 지류 러츠먼-바일러 편집.

문젯거리를 만들지 마세요

1967년 8월경, 캘리포니아 로스앨토스에서 한 설법(이하 '로스앨토스'). 지류 러츠먼-바일러 편집.

존경하는 삶

1968년 10월경, 타사하라. 소준 멜 와이츠먼과 지류 러츠먼-바일러 편집.

언제든 유쾌하게

1971년 2월 9일, 선 센터. 소준 멜 와이츠먼과 지류 러츠먼-바일러 편집.

이기적이지 않은 욕망

1969년 4월 8일, 선 센터, 《윈드벨》 Vol. 27(2), 1993. 소준 멜 와이츠먼과 지류 러츠먼-바일러 편집.

돈을 존중하는 것

1970년 5월 24일, 선 센터, 《윈드벨》 Vol. 22(2), 1988. 소준 멜 와이츠먼과 지류 러츠먼-바일러 편집.

자연스러움

1964년 2월 26일, 소코지. 소준 멜 와이츠먼과 지류 러츠먼-바일러 편집. 《벽암록》 제49칙을 언급.

피부가 곧 승복

1971년 6월 20일, 선 센터. 소준 멜 와이츠먼과 지류 러츠먼-바일러 편집.

어떤 마음을 키울 것인가요

1971년 7월 25일, 타사하라, 《윈드벨》 Vol. 41, 2007. 소준 멜 와이츠먼과 지류 러츠먼-바일러 편집.

진정한 차별

1971년 2월 9일, 선 센터. 소준 멜 와이츠먼과 지류 러츠먼-바일러 편집.

모든 날이 좋은 날

1971년 8월 15일, 타사하라. 지류 러츠먼-바일러 편집.

3장 더욱 깊게 들어가며

윤리는 우리의 본성입니다

1971년 6월 12일, 선 센터, 《윈드벨》 Vol. 35(1), 2001. 소준 멜 와이츠먼과 지류 러츠먼-바일러 편집.

진정한 나가 되기

1971년 7월 2일, 선 센터, 《윈드벨》 Vol. 24(2), 1990. 지류 러츠먼-바일러 편집.

도덕규범을 넘어

1966년 6월 19일(이 날짜는 정확하지 않으며 실제로는 1966~1967년 사이에 행해졌을 가능성이 큼), 소코지. 지류 러츠먼-바일러 편집.

"그렇게 하겠습니다!"

1969년 4월 29일, 소코지. 지류 러츠먼-바일러 편집.

가야 할 길은 오직 하나

1971년 6월 12일, 선 센터, 《윈드벨》 Vol. 35(1), 2001. 소준 멜 와이츠먼과 지류 러츠먼-바일러 편집.

그저 앉는 것이 계율입니다

1970년 5월 17일, 선 센터, 《윈드벨》 Vol. 17(2), 1983. 소준 멜 와이츠먼과 지류 러츠먼-바일러 편집.

위대한 노력

1965년 12월 11일, 《윈드벨》 Vol. 5(3), 1966. 지류 러츠먼-바일러 편집.

이상과 현실 / 결국 규칙은 없습니다

1968년 6월 29일, 캘리포니아 빅서, 에살렌연구소(Esalen Institute)에서 한 설법, 《윈드벨》 Vol. 31(2), 1997. 소준 멜 와이츠먼과 지류 러츠먼-바일러 편집.

부록1 열여섯 가지 계율에 대해

부처에게 귀의한다는 건 / 세 가지 보물의 세 가지 해석

1967년 6월 11일, 소코지. 지류 러츠먼-바일러 편집.

삼취정계 / 십중계

1967년 6월 12일, 소코지. 지류 러츠먼-바일러 편집.

살생하지 말라

1970년 7월경, 선 센터, 《윈드벨》 Vol. 34(2), 2000. 지류 러츠먼-바일러 편집.

술을 마시지 말라

1967년 8월경, 로스앨토스. 지류 러츠먼-바일러 편집.

분노하지 말라

1967년 9월 12일, 타사하라. 소준 멜 와이츠먼과 지류 러츠먼-바일러 편집.

부록2 스즈키 슌류의 삶

스즈키 슌류와의 만남

《윈드벨》 Vol. 20(2), 1986.

내가 미국에 온 이유

1969년 9월 16일, 소코지, 《윈드벨》 Vol. 38(2), 2004. 소준 멜 와이츠먼과 지류 러츠먼-바일러 편집.

그저 앉기를 권함

2025년 9월 1일 초판 1쇄 발행

지은이 스즈키 슌류
옮긴이 김문주
펴낸이 이원주

책임편집 고정용 **디자인** 진미나
기획개발실 강소라, 김유경, 강동욱, 박인애, 류지혜, 이채은, 최연서
마케팅실 양근모, 권금숙, 양봉호 **온라인홍보팀** 신하은, 현나래, 최혜빈
디자인실 윤민지, 정은에 **디지털콘텐츠팀** 최은정 **해외기획팀** 우정민, 배혜림, 정혜인
경영지원실 강신우, 김현우, 이윤재 **제작실** 이진영
펴낸곳 (주)쌤앤파커스 **출판신고** 2006년 9월 25일 제406-2006-000210호
주소 서울시 마포구 월드컵북로 396 누리꿈스퀘어 비즈니스타워 18층
전화 02-6712-9800 **팩스** 02-6712-9810 **이메일** info@smpk.kr

ISBN 979-11-94755-63-0 (03220)